子どもの未来をひらく

エンパワメント科学

生存科学叢書

安梅勅江 編著
Tokie Anme

The Institute of Seizon and Life Sciences

日本評論社

目次

序章　みらいエンパワメント！……安梅勅江　1

第1部　未来をつむぐエンパワメント

第1章　エンパワメント科学とは何か
――みらいを元気にする仕掛けを理解するための新しい枠組み……安梅勅江　6

第2部　脳科学がひらく世界

第2章　創造性を育むために大切なこと
――脳科学の視点から……小泉英明　22

第3章　子どもを「ほめ」て育てるということ
――脳科学からのアプローチ……定藤規弘　68

第3部 進化と発達は語る

第4章 ふたごが語る生命のふしぎ
――人間・遺伝・進化……安藤寿康 100

第5章 発達研究における出生コホート研究の意義……山縣然太朗 136

第4部 みんなちがってみんないい

第6章 幼児教育の現状と今後……無藤隆 158

第7章 発達ショーガイの子どもが輝くために……塩川宏郷 190

第8章 ちょっと気になる子を豊かに育てる保育……小枝達也 219

終　章 子どもたちの豊かな未来に向けて……安梅勅江 245

初出一覧……253

著者紹介……255

序章

みらいエンパワメント！

安梅勅江

エンパワメントという言葉、ご存知ですか？「人びとに夢や希望を与え、勇気づけ、人が本来もっているすばらしい、生きる力を湧き出させること」が**エンパワメント**です。ちょうど清水が泉からこんこんと湧き出るように、一人ひとりに潜んでいる活力や可能性を湧き出させることです。

子どもたちの生きる力をエンパワメントしたい。そのために、子どもたちの未来をひらく最先端の科学を、わかりやすくすべての人に伝えて役立てたい。そんな願いをもつ仲間たちとともに、私たちは**みらいエンパワメントカフェ**をはじめました。子ども、保護者、実践者、研究者がいっしょに集い、子どもたちの明るいみらいを築く輪を広げています。

生存科学は個別の科学の垣根を越えてさまざまな視点から統合的に人をとらえ、よりよい生存を考える学問です。人のもつ可能性を信じ、その力を引き出して人びとの幸せを実現するエンパワメント科学と重なる視点です。生存科学叢書として、エンパワメントの考え方を用いて、さまざまな研究の成果を活かす方法を整理してみました。

この本は、最先端の科学をひもとく四つの柱で構成されています。「未来をつむぐエンパワメント」「脳科学がひらく世界」「進化と発達は語る」「みんなちがってみんないい」です。いずれも今もっとも躍動する科学のトピックを、具体的な例をあげながらわかりやすく解説しています。

子育て中の親ごさん、未来のママとパパをはじめ、子どもにかかわるすべての皆さんに届けたい、**子どもの未来をひらくヒント**が満載です。

みらいエンパワメントカフェは、毎月開催されています。興味のある方は左記をご参照ください。

http://plaza.umin.ac.jp/~empower/anme/

エンパワメントのエンはご縁のエン。皆さんとのすてきなご縁をいただけますこと、楽しみにしています。

第1部

未来をつむぐ
エンパワメント

第1章 エンパワメント科学とは何か

――みらいを元気にする仕掛けを理解するための新しい枠組み

安梅勅江

1 エンパワメント科学とは何か

エンパワメントとは、人びとに夢や希望を与え、勇気づけ、人が本来もっているすばらしい、生きる力を湧き出させることです。人は誰もが、すばらしい力をもって生まれてきます。そして生涯、すばらしい力を発揮し続けることができます。そのすばらしい力を引きだすことがエンパワメント、一人ひとりに潜んでいる活力や可能性を湧き出させることです（安梅ほか 2014）[1]。

医療や福祉などの実践では、一人ひとりが本来もっているすばらしい潜在力を湧きあがらせ、顕在化させて、活動を通して人々の生活、社会の発展のために生かしていきます。また、地域や組織などの集団では、住民や組織員一人ひとりに潜んでいる活力や能力を上手に引き出し、この力を地域や組織の成長や発展に結び付けるエネルギーとします。

表1　エンパワメントの原則

1. 目標を当事者が選択する。
2. 主導権と決定権を当事者が持つ。
3. 問題点と解決策を当事者が考える。
4. 新たな学びと、より力をつける機会として当事者が失敗や成功を分析する。
5. 自ら行動を変えたいと思える方法を当事者とサポーターが一緒に考え、その方法を実行する。
6. 問題解決の過程に当事者の参加を促し、責任を高める。
7. サポーターは、問題解決の過程を支えるネットワークと資源を充実させる。
8. サポーターは、当事者のウエルビーイングに対する意欲を高める。

エンパワメント（Empowerment）の和訳は、このように活力が湧き出るということで、「**湧活**《ゆうかつ》」です。中国、韓国、日本など漢字圏の研究者と実践者とともにつくりました。

エンパワメント科学はエンパワメントについて、さまざまな学問を束ねて統合的（システム オブ システムズ：System of Systems）に科学的な手法を用いて明らかにする学問です。最先端の科学と実践との融合から生まれました。脳科学、行動科学、進化人類学などの知見を束ねて根拠を生み出します。子どもからお年寄りまで、保健、医療、福祉、教育、労働、経営などに広く利用でき、人にかかわるすべての分野で活用できる実用的な科学です。

2　エンパワメントの原則

エンパワメントの原則は、八つあります（表1）（Anme 2018）[(2)]。

ここでいう当事者とは、子どもや保護者など直接関係する人、人びと、組織をさします。サポーターとは、それを側面から支える専門職などの人、人びと、組織をさします。つまりエンパワメントの原則は、当事者である子どもや保護者が中心となって考えたり行動したりする、ということです。サポーターである仲間や専門職の役割は、当事者の力を湧き出させ、そのための環境整備をすることです。

3 エンパワメントの種類と促進する方法

エンパワメントには、三つの種類があります（安梅 2005）[3]。**自分エンパワメント**（Self Empowerment）、**仲間エンパワメント**（Peer Empowerment）、**組織／地域エンパワメント**（Community Empowerment）です。これらを組み合わせることで、大きな力を発揮することを**相乗エンパワーモデル**（Synergy Empower Model）といいます（図1）。

実は、組織／地域エンパワメントはさらに三つのレベルに分けられます。いわゆる狭義の組織を対象とする**組織エンパワメント**、市場や地域などの**社会エンパワメント**（Social Empowerment）、そして制度や仕組みを対象とする**システムエンパワメント**（System Empowerment）の三つです。自分エンパワメント、仲間エンパワメントを加えると五つの要素となり、これらのダイナミ

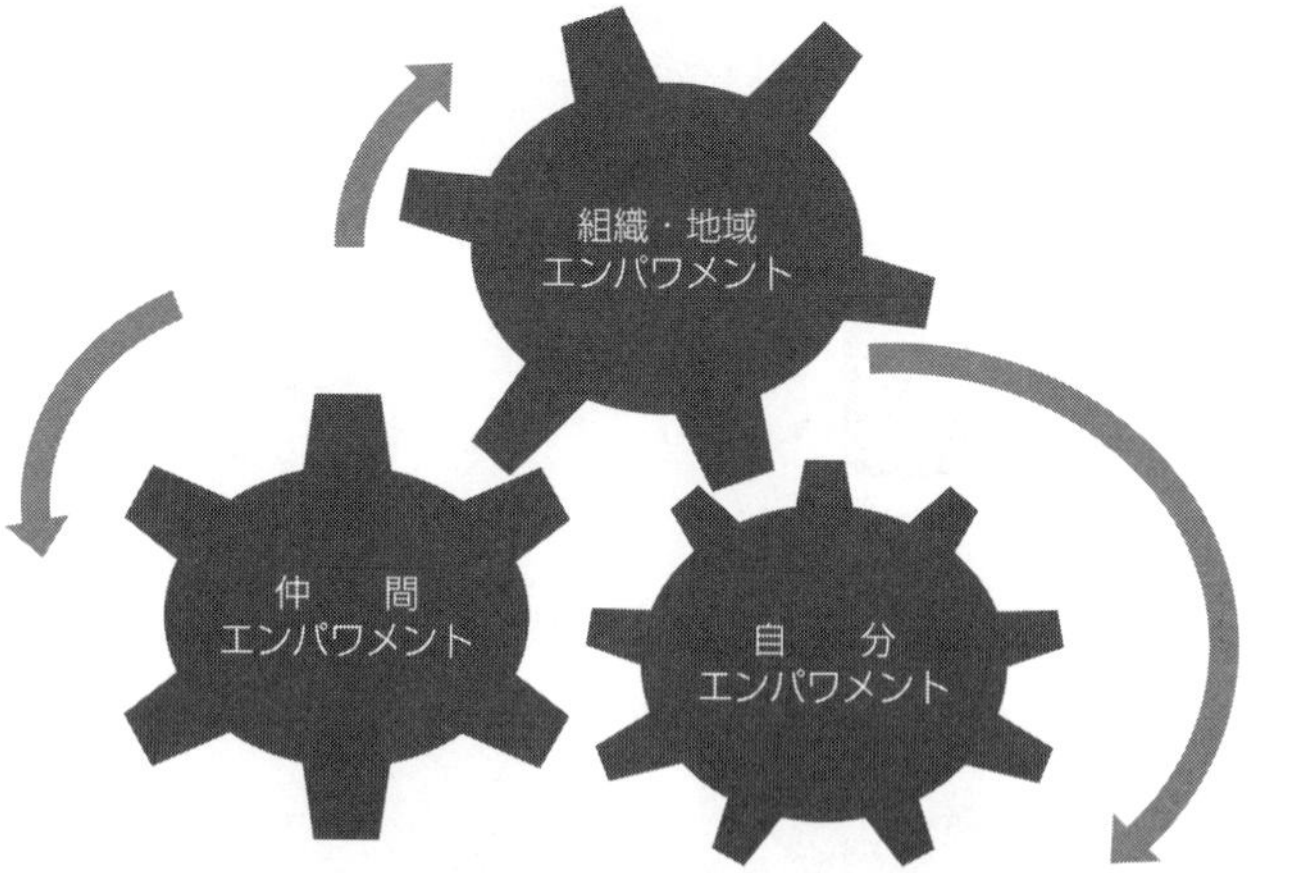

図1　相乗エンパワーモデル

ックな関係性を**ダイナミックエンパワーモデル**(Dynamic Empower Model)といいます(図2)(安梅ほか 2014)[1]。

ダイナミックエンパワーモデルは、五つのレベルのエンパワメントが、互いに強め合ったり弱め合ったり、複雑な関係性を示すモデルです。相生、相剋などの性質をあらわす易経の五行と類似しています。相生とは隣り合う要素が互いに助け合い、強め合う関係にあること、相剋とは一つ隔てた隣の要素とはけん制し合う、反発し合う関係にあることです。

自分/仲間/組織/社会/システムエンパワメントは、互いに影響を及ぼす一連のつながった円のかたちをしています。五つの要素それぞれが助け合い強め合う、相生の関係にあります。

しかし一方で、けん制したり反発したりする相

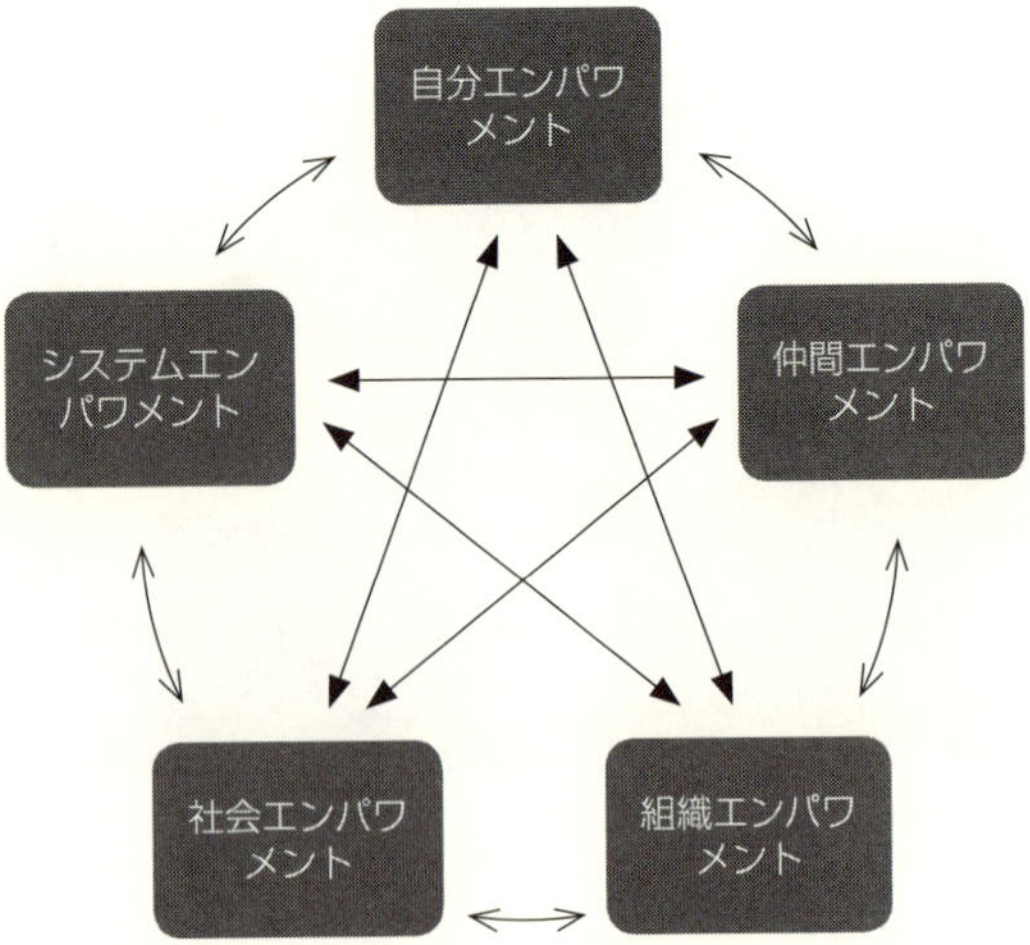

図2　ダイナミックエンパワーモデル
出所：安梅ほか（2014）(1) 13頁より

剋の関係もありえます。たとえば、個人が強すぎると組織を弱めます。個人主義が重んじられる組織では、集団としての意思決定が難しいことがあります。組織が強すぎると、規範としてのシステムを弱めます。強い組織や部門が主張を貫くと、全体のシステムの論理を歪めることがあります。システムが強すぎると規則で縛り仲間を弱めます。全体主義的な統制などは、異分子集団を排除することがあります。仲間が強すぎると派閥をつくり社会を弱めます。自己利益を追求する仲間集団は、社会全体の利益に対して無関心を装うことがあります。社会が強すぎると、個人を弱めます。社会規範を強要して、個人の自由を束縛することがあります。

　このモデルを使うと、さらに包括的な視点

で本質の変化を柔軟にとらえることができます。たとえば、子どもの健やかな育ちを支援するためには、単に子どもに注目するにとどまりません。子どもを取り巻く家族、友だち、近所の人たち、園や学校、制度や法律、文化や歴史など、さまざまな側面の関係性を体系的にとらえることが必要です。

4 エンパワメントの効果とは——コホート研究による検証

エンパワメントの効果について科学的に明らかにするためには、コホート研究が必要になります。「コホート」の語源はローマ時代の軍隊の一団です。集団で前へ前へザクザクと進む姿から、「時間軸に沿って対象を追跡すること」とされています。

コホート研究が意義深いのは、赤ちゃんからお年寄りまで遺伝要因や環境要因が行動要因にどのように影響するのか、時間要因を加え検討できることです。どの時期に刺激があるかで、影響はまったく変わります。コホート研究は時期による違いを合わせて分析できます。

また原因は必ず結果の前にあるので、コホート研究では因果関係がわかるという強みがあります。

子どものコホート研究の多くは、恵まれない子どもたちに関するものです。たとえば、貧困や虐待を受けた子どもたちに早くから教育すると、成長後に困難を克服しやすくなったというような研究です。

望ましくない状態にあった子どもたちは、サポートの効果が出やすいのです。さまざまなサポートにより、その後の成長にポジティブな成果が得られています。とくに、ノーベル経済学賞を受賞したヘックマン（James Joseph Heckman）先生の研究などは、世界的に大きな影響力をもたらしました（Heckman 2017）[4]。子どもたちを支援することで、将来の平等性も経済的な効率性も実現できます。欧米各国はもとより日本でも、恵まれない子どもたちをしっかりサポートしていこうという動きの根拠になっています。

私たちの研究チームは、恵まれない状態にある子どもたちにとどまらず、地域に住む子どもたちすべてを追跡しています。どのような要因が子どもたちの未来をひらくのか調べるため、四つのコホート研究を続けています。

「すくすくコホート」は、第2章執筆の小泉先生が開始されたものです。「地域コホート」は二つあり、一つは地域の住民の皆さん全員が参加し、二八年間続けています。もう一つは、お年寄りと子どもを対象にしています。「保育コホート」は、全国の保育園、幼稚園、こども園の皆さんが参加し、二〇年間続いています。この四つのコホートの成果から、子どもの未来をひらく要因について少しずつ明らかになってきました。

すくすくコホートの成果の一つは、「ほめられる子は思いやりも育つ。科学の目が初めて証明」です。多くのメディアで紹介されました。「そんなことは当たり前」と思われるかもしれませんが、科学的に証明するには大変な準備が必要になります。

全国三か所に実験室を設置し、四か月児になった時点から四〇〇組の親子に毎年来てもらうことを続けて、さまざまな実験をしました（図3）。親子の様子を「かかわり指標（Interaction Rating Scale：ＩＲＳ）」を用いて観察評価しました。この指標は、五分間の親子のかかわりを観察し、八〇項目のチェックリストで行動の有無を評価するものです（図4）。一方で三次元動作解析装置（モーションキャプチャー：Motion capture）という、現実の人物や物体の動きをデジタル的に記録する技術を用いて、妥当性を検証しました。チェックリストで観察評価した測定値と、実際の動きのデジタル測定値の相関が十分に高いことを確認したのです。そして、ようやく出た成果なのです。

一八か月時、三〇か月時、四〇か月時の子どもの社会能力の軌跡を分析しました。図5は、社会能力が伸びる軌跡をあらわしています。社会能力の伸びのパターンは二つに分かれました。ゆっくり伸びて途中からあまり伸びない群と、初めから高くてずっと高く伸びる群の二つです。そこに何が影響しているのかを調べると、他の関連要因の影響を除いても、親がしっかりほめてい

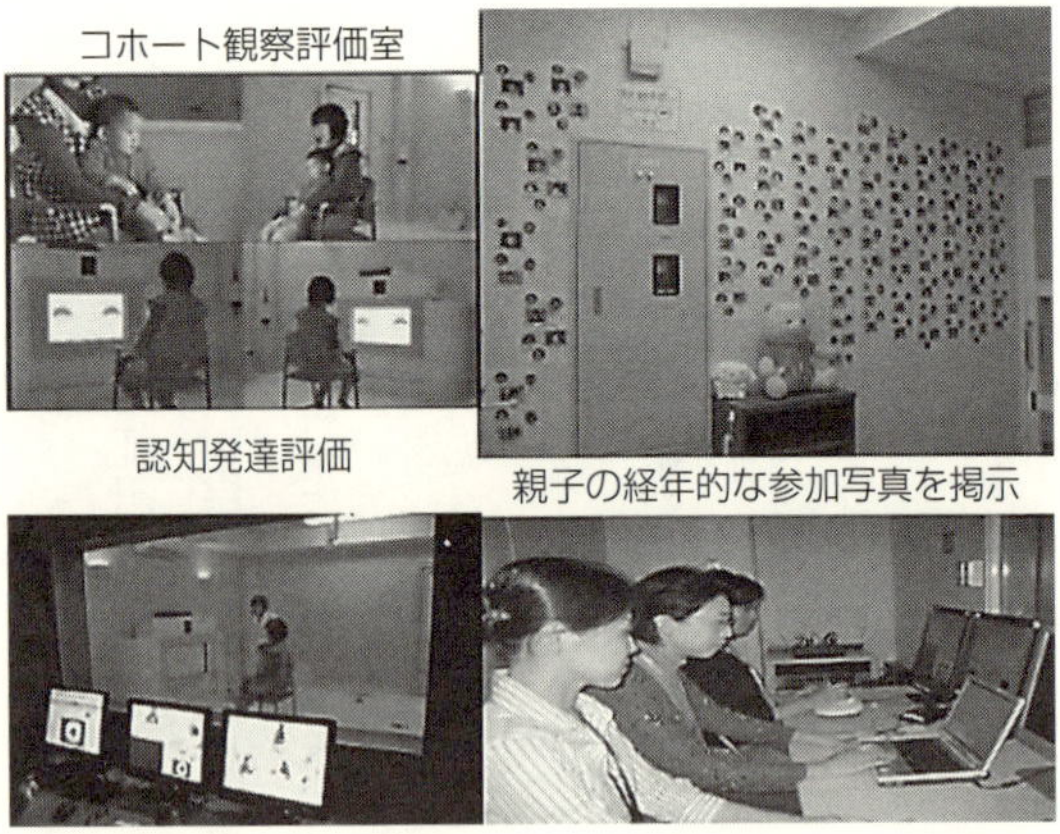

図 3　観察室の様子

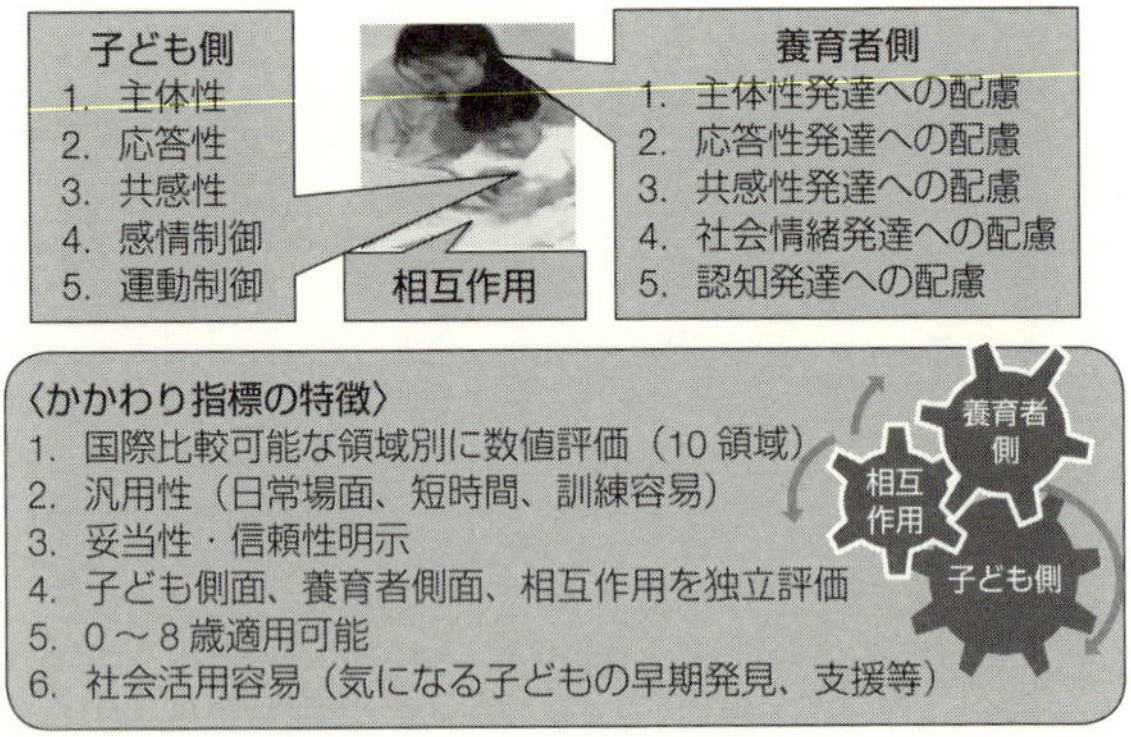

図 4　社会能力評価のためのかかわり指標の開発

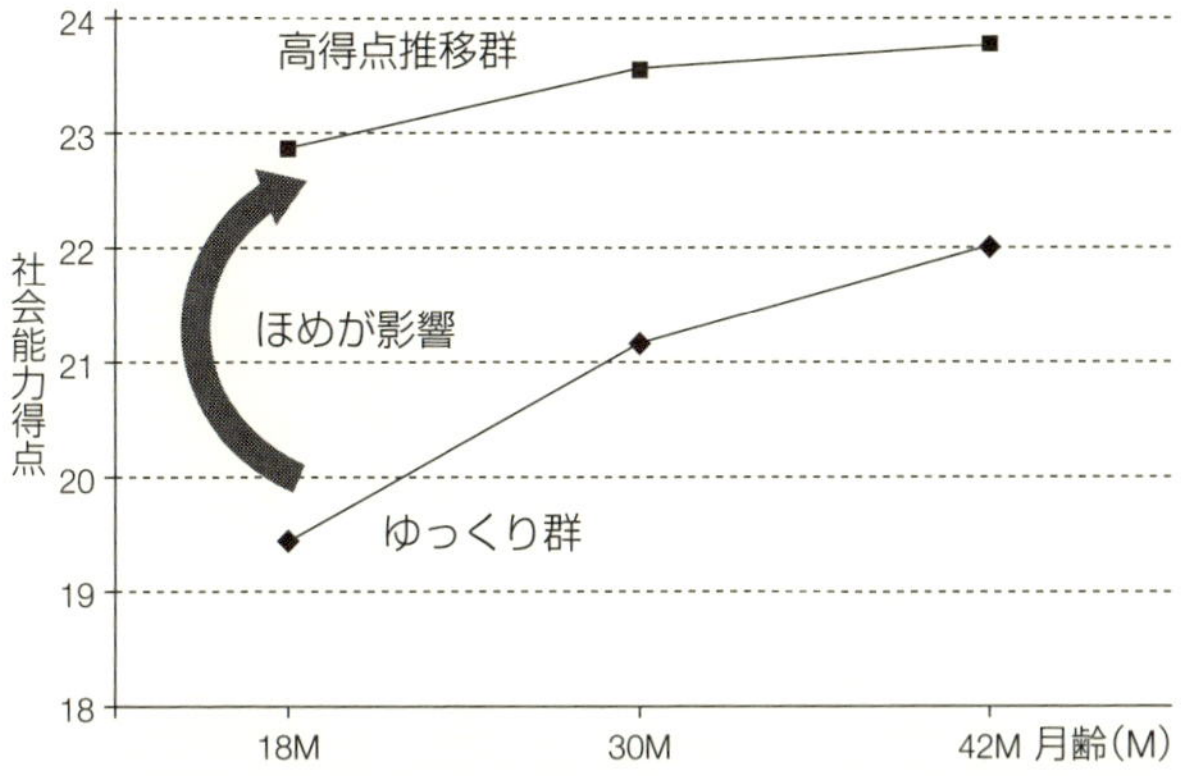

図 5　ほめと社会能力の発達パターン

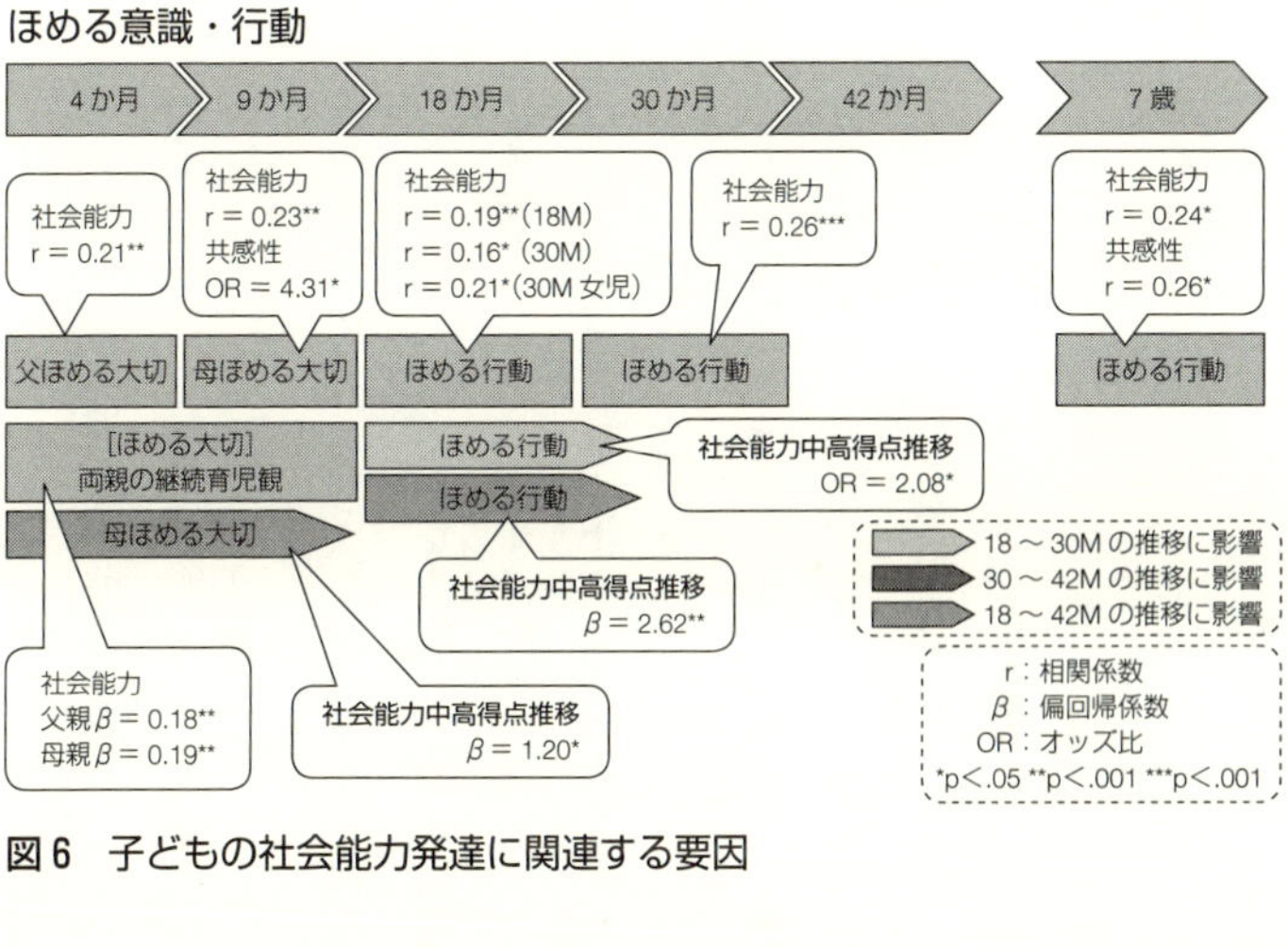

図 6　子どもの社会能力発達に関連する要因

たかどうかが関係していました。

四か月、九か月、一八か月、三〇か月、四二か月、一部は七歳までの子どもにおいて、ほめることが、同時点の社会性にとどまらず、将来の子どもの社会性に影響することが明らかになりました（図6）（Anme et al. 2016）[5]。

それでは、どのように子どもにかかわれば豊かさが育つのでしょうか。一つの試みとして、実験的に自己効力感を促すかかわりをしてみました。地域コホートを実施している自治体には保育園が二つあり、健康運動指導士が子どもたちに運動を教えています。片方の保育園では普通の運動のプログラムを行い、もう片方の保育園では自己効力感を促すような運動のかかわりをしました。

一人ひとりの子どもたちにプログラムをつくり、その子ができることよりも少し難しい課題を出します。初めはできませんが、やり方を自分なりに工夫したり、友だちと一緒に取り組んだりした結果、できるようになります。そこで、「やったね」という感覚を味わってもらいました。

六年後、思春期に達した子どもたちがどうなったかを追跡しました（図7）。自己効力感を促す運動支援があった群は、なかった群よりも、いつも十分な睡眠がとれる割合や生活満足感が有意に高くなっていました。他の関連要因の影響を除いても、効果があったのです。

図8は、幼児期の親子のかかわりが六年後の子どもの健康に及ぼす影響です。幼児期に保護者

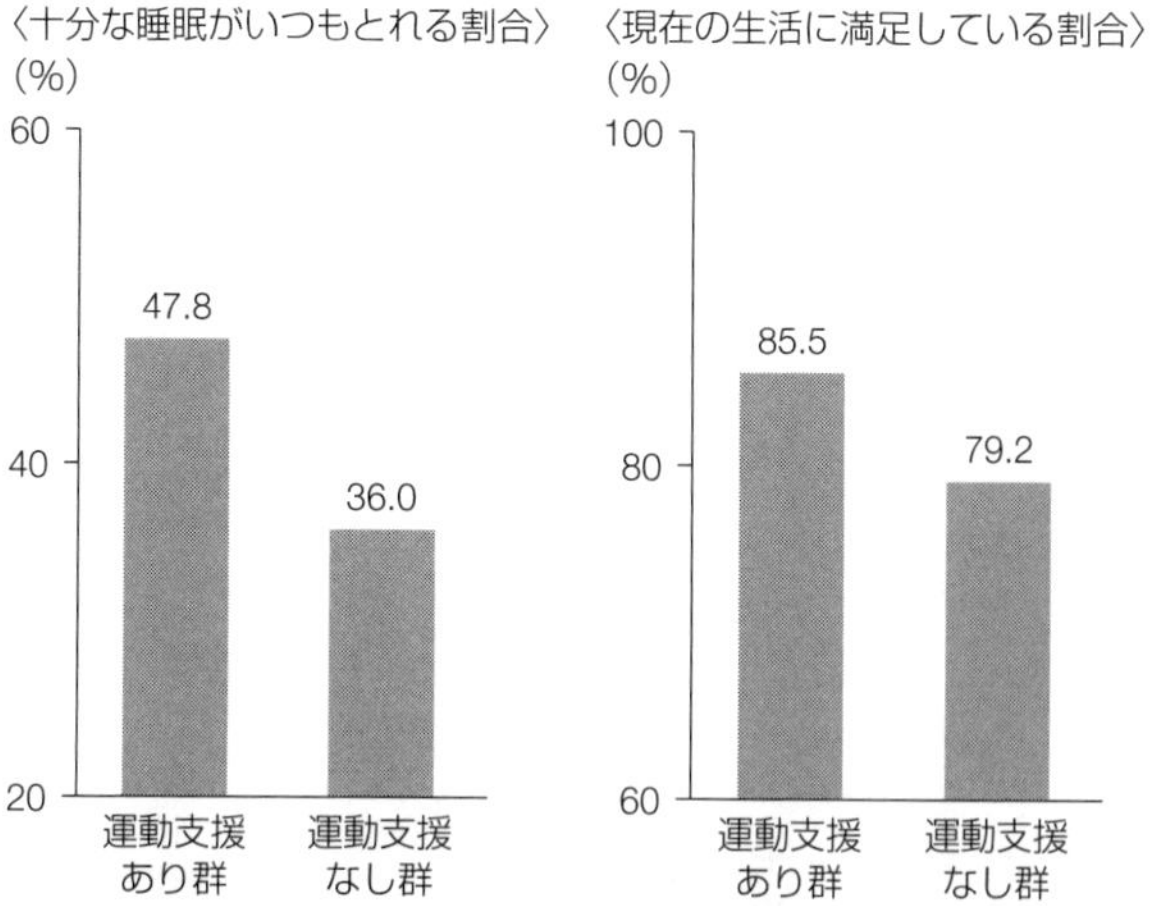

図7　幼児期の自己効力感を促す運動支援と思春期の睡眠や生活満足感

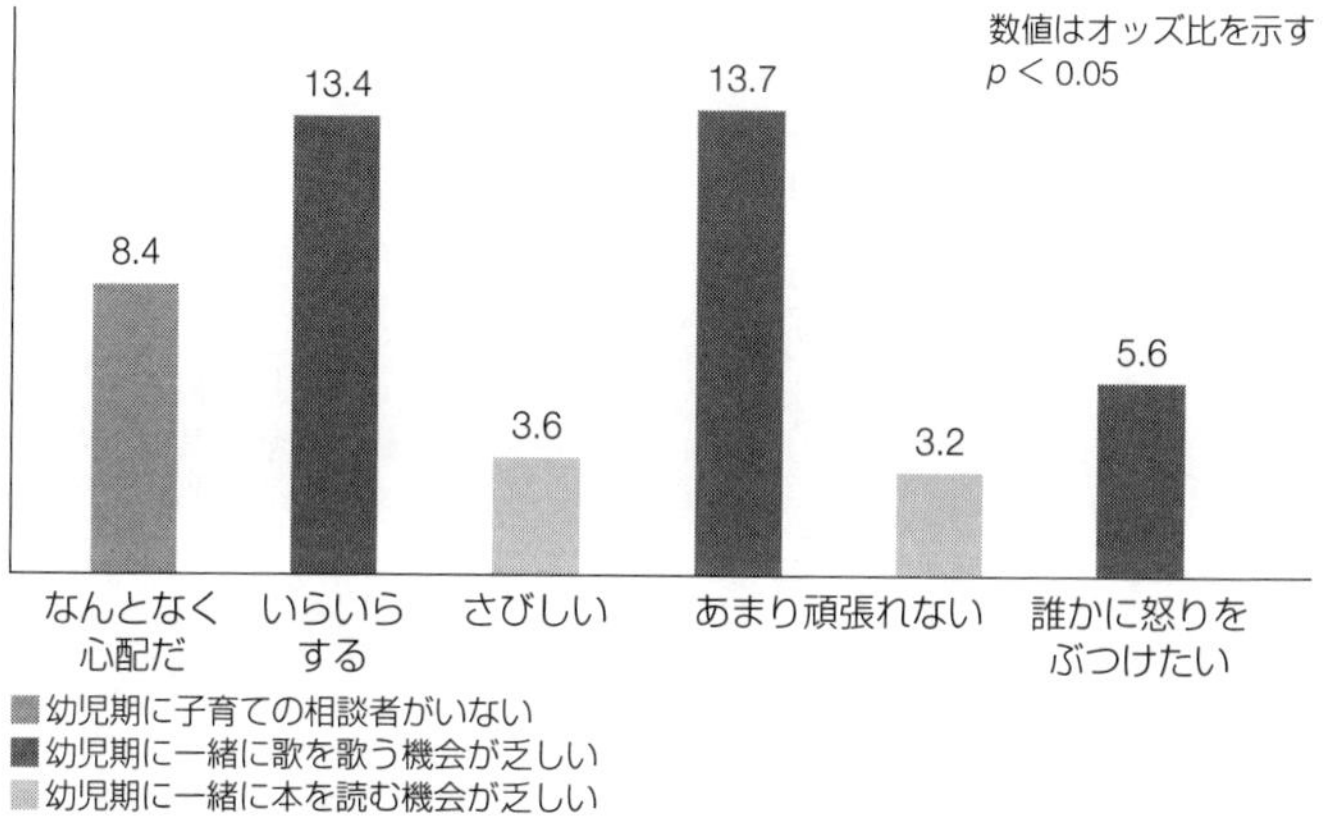

図8　育児環境が学童期に及ぼす影響

と一緒に歌ったり本を読んだり、また保護者に子育ての相談者がいることは、学童期の子どもの心の健康状態のよさに関係しています（Anme 2012）[6]。たとえば図8の左端の棒グラフは、幼児期に保護者に子育ての相談者がいない場合、相談者がいる場合に比較して、学童期に子ども自身が「なんとなく心配だ」と思う割合が八・四倍高い、ということを示しています。

幼児期に親が子どもをたたかずに自立性を促し、行動をむやみに制限しないかかわりをしている場合には、学童期に向社会性が高くなります。親に育児協力があると、子どものストレスが軽減し、学童期に子どもの向社会性が高くなります。

このように、幼児期のかかわりが、その後の子どもたちの育ちに影響する根拠が得られています。

また一三～一五歳の思春期から六年間追跡し、青年期にどのように影響するかを見ました。思春期に生活の主体性が高いと、青年期に不安、抑うつ、不機嫌、怒り、無気力などが低いという相関が得られました。つまり、さまざまなことを自己決定し、自己効力感を獲得することが、将来の精神の健康につながります。

また、生活が安定し、友だちやその親とのかかわりがあると、青年期は感情が安定し、生活の適応力が高いことが示されています。

表2　エンパワメント実現に向けた7要素

1.　目的を明確に…………………	価値に焦点を当てる
2.　プロセスを味わう…………	関係性を楽しむ
3.　共感のネットワーク化……	近親感と刺激感
4.　心地よさの演出……………	リズムをつくる
5.　ゆったり無理なく…………	柔軟な参加様式
6.　その先を見すえて…………	つねに発展に向かう
7.　活動の意味付け……………	評価の視点

出所：安梅ほか（2014）[(1)] 17頁より作成

5　未来をつむぐ　エンパワメント科学

子どもの未来をひらく環境とは、一人ひとりの子どもの力を最大限に引き出し、生き生きとした子どもの育ちをはぐくむ**子育ちをエンパワメントする環境**です。子育ちエンパワメントとは、子どもの育つ力を引き出し、発揮させる、すなわち育つ力をはぐくむ支援に最大限の力を発揮することです。それを支えるのが**子育ち支援**であり、実現するための保護者や社会へのサポートが**子育て支援**です。子どもがすこやかに育つ子育ち環境をつくることは、私たち大人のもっとも重要な役割の一つです。

エンパワメント実現に向けた七つのコツを押さえることで、より効果的に進めることができます（表2）。

子育てへの困難感を抱える保護者が増えているといわれています。さまざまなニーズに対応できる支援の整備が急がれます。日々発展する多くの分野の研究成果を踏まえながら、子育ちと子育てをエンパワメントする環境の実現が期待されます。

参考文献

（1）安梅勅江・芳香会社会福祉研究所編著（2014）『いのちの輝きに寄り添うエンパワメント科学―だれもが主人公 新しい共生のかたち』北大路書房。

（2）Anme T（2018）*Empowerment Sciences for Professionals: Enhance Inclusion and a World of Possibilities*, Nihonshoniijisyuppan.

（3）安梅勅江（2005）『コミュニティ・エンパワメントの技法―当事者主体の新しいシステムづくり』医歯薬出版。

（4）Heckman JJ（2017）*Giving Kids a Fair Chance*, Boston Review.

（5）Anme T, Tanaka E, Watanabe T, Tomisaki E, Group JCsS（2016）Parent-child interactions and child social competence: longitudinal evidence using the Interaction Rating Scale（IRS）. In: Alvarez K（ed.）*Parent-Child Interactions and Relationships: Perceptions, Practices and Developmental Outcomes*, Nova Science Pub Inc, pp.195-205.

（6）Anme T（2012）*Parenting: Challenges, Practices and Cultural Influences From Japanese Cohort Study*, Nova Science Publishers, pp.14, 225-232.

第2部

脳科学がひらく世界

第2章

創造性を育むために大切なこと

――脳科学の視点から

小泉英明

1 創造性とは何か

頂戴したテーマの「創造性を育む」を実践するには、どのように心がけたらよいのでしょうか。浅学菲才の自分にとっては本当に難しい問題です。研究開発の中で四〇年以上、創造性には強い関心をもち続けてきましたが、いまだに研究途上にあります。世の中には、創造性に関する多くの論文・書籍や研究組織が存在しますが、創造性の本質は必ずしも明瞭になっているとは思えません。創造性を得る方法を本当に語れるなら、もっとイノベーションを起こせてよいはずだと自問自答してしまうこともあります。本章では創造性とその基盤について、抽象論を語るのではなくて、できるだけ実体験を基調にした視座から、お話ししてみたいと思います。

創造性は、歴史的にも多くの科学者や芸術家に見られた属性で、属人的な傾向が強いのですが、ここでは組織・集団としての創造性向上を試みた事例にも触れて、個人と組織の両面から、創造性について考えてみたいと思います。イノベーションを起こす環境（Innovation Eco-system）を、どのようにして構築したらよいかが、今、国の科学技術・産業政策にも重要だからです。

⑴ 科学自体に創造性は存在するか？

一般に、創造性は科学（science）の研究に特有と考えがちですが、本当は少し違うと思われます。科学とは人間界を含めた自然界の現象や論理を、より深くより正確に、理解しようとする試みだからです。これは紀元前の古代ギリシャに芽生えた自然哲学から、近世哲学の祖といわれるデカルト（René Descartes、一五九六－一六五〇）に至る系譜にも現れています。『方法序説』（*Discours de la méthode*）（Descartes 1637）で述べられたように、物事を正確に理解するためには要素へと分解し、それによって本質が見えてくるという要素還元論のアプローチです。Scienceという言葉の語幹のsciは、古代ギリシャ語のskeiで、「分ける・分解する」という意味です。日本語でも、理解することを「分かる」といいますが、分けることと関係しているかもしれません。ここで、デカルトの考えに関して一言付け加えておきたいのは、デカルトは要素に分解する還元論だけに固執したのではなく、次の段階として要素を総合することが重要であるとの考えも述べています。

分析あるいは解析と訳されるanalysisは、古代ギリシャのアリストテレス（Aristotle、BC三八四‐BC三二二）の論理学の著作にも、近い概念があります。語幹のlysisはやはり「分ける・分離する」の意味です。接頭辞のanaは「上へ・再び」という意味ですから、この一語には分析と総合の両概念が含まれているとも考えられています。実際、数学の解析学（Analysis or Analytics）の分野には、微分学と積分学という分解と統合の両側面が含まれています。

(2) エンジニアリングの概念に存在する創造性

創造性（creativity）は新たに何かを創る能力です。概念的には科学そのものと創造は、互いに連携こそすれ、まったく異なる行為と考えた方がよいと思われます。創造とはは科学よりも、むしろエンジニアリング（engineering）に近い概念なのです。

Engineeringの語幹のginは古代ギリシャ語のgenで、発電機（generator）や旧約聖書の創世記（Genesis）のように「産み出す」ことを意味しています。わが国ではエンジニアリングを「工学」（あるいは技術）と訳しました。『広辞苑 第六版』では、「工学、工学技術」と記されています。ちなみに、中国語では「工程学」と訳されています。

欧米の先進諸国あるいは近代中国を見てみると、国を代表する学術組織であるアカデミーは、科学アカデミー（Academy of Science）と工学アカデミー（Academy of Engineering）の二つが車の両輪のように存在しています。しかし、日本では一般に、engineeringという概念は十分普及してはいません。「科学技術」というように茫漠とした概念が一般的に扱われて来たので、エンジニアリングの概念を厳密に理解することがなされなかったのです。日本学術会議でも、「科学技術」の用語に関して内部で大きな議論がありました。しかし、「科学技術の間に「・」を入れて「科学・技術」とすべきである」という議論に終わってしまったのは残念なことでした。本当はパラメータが三つある連立方程式の解を求めるところなのに、二本の連立方程式で議論していたのだと思います。science, engineering, technology（art）は、互いにほぼ直交する（重なりが少ない）三つの概念であると考えた方が、実際の研究開発ではすっきりと問題を整理できるのです。「創造性」の本質を考える際にはきわめて重要です。

『広辞苑　第六版』にも「創造」とは「新たに造ること」「神が宇宙を造ること」と、正確に記述されています。「創造性」について語る時、まず、この言葉の意味するところを正確に把握してから議論を進めることが肝要だと思います。

(3) 芸術と創造性

創造性について考える際、芸術（art）の議論は避けて通れません。芸術の定義を議論する際にも、science と engineering の違いと類似な議論が必要だからです。

河原を歩いていると、とても個性的な流木や、美しい縞模様の石に出会うことがあります。もしこれを展覧会でそのまま飾ったら、芸術作品といえるでしょうか？　これはいくら美しくてユニークでも、それは自然の造形であって芸術作品とはいいません。芸術の前提条件として、人が手を加えたものという大原則があるのです。

多くの語源辞典を見ますと、art という言葉は、古代ラテン語の ars から由来し、古代ギリシャ語の techne と同根です。この techne から生まれた言葉が、technology（技術・工芸）です。芸術という概念が明確に生まれたのは一四世紀に始まるルネッサンス以降であって、古代ギリシャや古代ローマでは、多くの彫刻が存在しても、現在のような芸術の概念、そして芸術家とされる人々はいなかったようです。ars や techne の概念は、人工物ということが根底にあって、人が自然を模倣するという概念が主だったとされます。ミロのビーナスは美しい芸術作品だと私たちが感じても、その時代にあっては、自然の一部としての人間を模倣した人工物であった可能性が高いのです。美の発見は、すでに存在していたものを見出すことにあって、それを人工物として表現することによって初めて芸術作品となると考えられます。

「東洋道徳・西洋藝術」という言葉は江戸時代の佐久間象山（一八一一―一八六四）が遺したものですが、ここに現れる当時の藝術（芸術）の意味は上記の ars/techne に近いものでした。すなわち、今でいうテクノロジーを指していたのです。

⑷ 先史文明にも表れる三つの要素概念

サイエンスとして自然界に新たな事実を発見し、より理解を深めても、それは創造そのものではありません。エンジニアリングやテクノロジーを経て、創造となります。いわゆる科学技術や産業、そして芸術には、science/engineering/technology（SET）の三概念が要素として混在し、この三要素が相互に関係し合っていると、創造に関係するささやかな経験から感じています。この点を明確に理解しないと「創造性教育」といっても、言葉だけが踊ることになります。

Science/engineering/technology（art）の基本的要素の違いは、人間が金属を使うようになった文明史を考えても明瞭かと思えます。一般に、人類の先史文明は「石器」「青銅器」「鉄器」文明と三つに分けられます。青銅器文明は今から四千年ほど前に始まり、鉄器文明は三千年ほど前から始まりました。人間が最初に使い始めた金属は銅とされており、青銅器文明の初期には銅器も発掘されています。

銅鉱石の一つである自然銅は多くの地域で地表に現れます。人類が、銅という金属を他の物質と「区別」して発見したのは science の範疇となります。これを銅器として使用するために必要であった原理的な工夫は engineering の範疇です。さらに目的に合わせて優れた器《うつわ》や武器を造る過程は、engineering/technology の範疇です。やがて、この銅に錫が混じると、加工性が増すことを知ります。これは人類が青銅（合金）を発見し、その性質を知ったことであって science の範疇です。他の種類の銅鉱石から銅を取り出す過程は製錬です。火に薪をくべて融かせば、炭の炭素によって還元されて金属が取り出せます。ここにも science の黎明が見出せます。器や武器、そして祭器に動物を彫りこめば、それは art の芽生えです。そして、さらに製錬や加工が難しい金属の鉄を扱えるように文明は進展しました。一方で、歴史学者と冶金学者の間の論争がありますのでこのＳＥＴ概念による検証も必要です。

(5) 創造性と実践

次に、神経科学から創造の脳内機序にアプローチすることを目標の一つに掲げた「脳科学と教育」という一〇年以上にわたる国家プログラムについてお話しします。次いで、その結果として最近明らかになってきた「進化教育学」（進化保育学を含む）について、その概念がどのようにして生まれたかについて述べます。そして、創造性を実際に育む実践のお話しへと進みたいと思います。

敬愛するノーム・チョムスキー教授（Noam Chomsky, MIT：Massachusetts Institute of Technology）は、一九五五年に“Colorless green ideas sleep furiously”（直訳：「無色で緑色のアイ

デアが猛烈に眠る」）という文章を例示して、言語の恣意性を喝破しました。私たちの言語は、正しい文法から構成されていても、まったく意味を成さない内容を提示することが可能です。これに近いことを、独自のアイデアといったり、発明・発見と誤認することは避けねばなりません。夢想するだけでは創造にはつながりません。創造性の議論には実践経験、とくに苦心惨憺した現実的な経験が不可欠と感じます。

時々、SMEs（small and medium size enterprises：中小企業）の社長の方々からお手紙を頂戴することがありますが、それが本来の創造性ではないかと感じることもあります。町工場の社長の方々が身体を削って創造することをしないと、従業員の方々はたちまち路頭に迷うことになるからです。

(6) 具体的事例としての偏光ゼーマン原子吸光法

私が最初に実用化した装置は、偏光ゼーマン原子吸光度計（Polarized Zeeman-effect Atomic Absorption Spectrophotometer：ＰＺＡＡＳ）でした。一九七一年に日立製作所の計測器事業部に入社したのですが、当時、水銀公害の水俣病が大きな問題となっていました。揮発性の高い水銀は正確な分析が煩雑で時間を要し、それが水俣病の原因解明や影響の把握に困難をきたしていました。カリフォルニア大学の Tetsuo Hadeishi 博士の *Science* 誌の論文（1971）を実用化するように指示を受け、やがて博士との共同研究が始まりました（小泉 1991[1]）。

自分自身は物理や化学の実験が子どもの頃から大好きでした。自分で土台のコンクリートを打って、柱を立てて、屋根を載せた小さな実験室を自宅の裏に作っていました。廃品業者から譲ってもらったネオンサイン用のトランス（漏洩変圧器で一台あたり一万五千ボルト）が高圧電源で、二台の廃品冷蔵庫から外した圧縮ポンプ（油に封じ込められたロータリーポンプなので、出入り口のパイプを逆向きに使うと真空ポンプに変身）を直列につないだものが主要設備でした。ここでラウエの斑点を利用したX線結晶解析など、手作りの装置で遊んでいましたので、実験だけは簡単には負けないと自信をもっていました。

ところが Hadeishi 博士はやがてノーベル物理学賞候補となり、博士の先生であったカストレル（Alfred Kastler、一九〇二–一九八四）やベーテ（Hans Albrecht Bethe、一九〇六–二〇〇五）は実際にノーベル物理学賞を受賞された歴史的な物理学者でした。

私の拙い頭では、よいアイデアだと思ったことをがむしゃらに実行しても、先方ははるかに先のアイデアで結果をスマートに出してしまいます。それまでに味わったことのない不思議な気持ちと出来事を体験しました。そうこうするうちに、先方から准教授相当の客員物理学者として招聘いただくこととなり、カリフォルニア大学ローレンス研究所で創造的な素晴らしい時間を過ごすこととなりました。途中で博士とは具体的な研究の方向で意見が分かれて、それぞれ別々の方向に進むことになりましたが、博士はずっと温かく見守ってくださいました。

やがて、偏光ゼーマン原子吸光法の原理にたどりつき、実用化に成功しました。この原理特許は日本の特許制度一〇〇周年の際に、当時の通産省から日本の代表特許五〇件の一つに選定され、最初に開発した装置はドイツの分析機器博物館に展示されていましたが、最近になって日本の分析機器・科学機器遺産に認定されました。

2 脳科学と教育

(1) 経緯と内容

「脳科学と教育」という概念は、二〇〇〇年に開催された文部省系の国際シンポジウム(Trans-dicsiplinary Forum on Brain-Science and Education)で提案し、ここから正式に国の研究開発プログラムが始まりました。一番はじめの契機までさかのぼりますと一九九六年に開催した国際シンポジウム(Trans-disciplinary Forum on Global Environment: Measurement and Analysis)の中に「環境と脳の相互作用の重要性」というテーマで、一つの独立したセッションを設けたのが最初です。「環境と脳の相互作用」こそ学習の本質だと考えたからです。主催は、現在の科学技術振興機構(JST)の前身である新技術開発事業団でした。

さらに、新しいミレニアムを目の前にして、今、最も大事なことは何か、それは未来の教育概念であると考え、ちょうど二一世紀に入る二〇〇〇年には、四日間の国際シンポジウム「脳科学と学習・教育」（Brain-Science for Learning and Education）を同じＪＳＴの主催で実施したのです。それが「脳科学と教育」の実質的なスタート点となりました。

当時、文部省と科学技術庁は別の役所でしたが、二〇〇一年に合併して文部科学省となりました。旧文部省と旧科学技術庁の領域で一緒にやれる分野として脳科学と教育がちょうどぴったりで、文部省の二つの局と科学技術庁の旧学術局の一つ、全部で三つの局が連携して、「脳科学と教育」という公的な研究開発プログラムが始まりました。

⑵ 脳科学と教育の国家プロジェクト

二〇〇一年には、公募型の研究プログラムも科学技術庁／ＪＳＴで始まりました。これらの先導研究が引き金になり、新たに設立された文部科学省に審議会（「脳科学と教育」に関する検討会）が設置され、伊藤正男先生（当時、理化学研究所脳科学総合研究センターの創立所長、一九二八－二〇一八）が座長、不肖私がワーキング・グループ主査となり、多くの専門家の先生方のご協力のもとに徹底的な検討が進められました。「脳科学と教育」という枠組みで理化学研究所も参加し、全体は一〇〇億円を越える規模の予算枠となりました。

そのうちの半分ぐらいを科学技術振興機構が担当し、私が責任者を務めた研究開発は計一九プロジェクトでした。それ以外にＣＲＥＳＴ（戦略的創造研究推進事業）やＥＲＡＴＯ（探索型基礎研究）など、五億〜一〇億円ぐらいの予算規模のプロジェクトがいくつも同時に走りましたので、全体からいうとかなり大きな規模の研究でした。

そういう中でプログラム全体を進めるのに苦心惨憺しました。というのは、「脳科学と教育」という分野にはお手本がまったくなかったからです。新しいことを試みてうまくいくとは必ずしも限りません。実際の研究メンバーには苦労をおかけしました。その中で、本書の編者でもある安梅勅江先生ほか、諸先生はたいへん苦労されたと同時に、素晴らしい研究を進められ、国際的にもプログラムを支えてくださいました。

(3) 組織の創造力

「脳科学と教育」プログラムの責任者として最も苦労したのは、研究組織として創造性を発揮する試みでした。

最も困難な挑戦は、自然科学系と人文学・社会科学系を架橋・融合させて、新しい学術体系「脳科学と教育」(Brain Science and Education or Brain-Science Based Education) とその応用分野を創成することでした。

この新概念を提示したのは日本が最初でしたので、その直後に企画された経済協力開発機構（Organization of Economic Cooperation and Development：ＯＥＣＤ）の国際研究開発プログラム「学習科学と脳研究」（Learning Sciences and Brain Research）の国際諮問委員を務め、また、ハーバード大学教育学大学院（Harvard School of Education）が中心となった国際学会「心・脳・教育」（Mind, Brain, and Education：ＭＢＥ）の創立理事と国際学術誌 *Mind Brain and Education* の創立副編集長を務めました。国内外のこれらの組織が先導する研究開発プログラムの中で、「創造性」という問題の困難性と自分の非力さを身に染みて感じました。

ＯＥＣＤでは、三研究テーマの下に、欧州・米国・アジアの三ブロックに分けた研究開発組織（研究者個人は世界から最適任者を選出）が編成されました。研究テーマは、それぞれ数学教育（Numeracy）、言語教育（Literacy）、生涯学習（Life-long Learning）と、最終的に決められました。三テーマには、それぞれ一〇名の世界の中心研究者が個別プロジェクトの代表として選定されました。欧州ブロックの議長は教育学・言語学のボール学長（Christopher Ball, Chancellor of the University of Derby）と補佐の神経科学者のドゥハーン教授（Stanislas Dehaen, The University of Paris）、米国ブロックの議長は神経心理学者のポーズナー所長（Michel Posner, The Neuroscience Institute of the University of Oregon）、アジアブロックは伊藤正男理研脳科学総合研究センター所長でした。全体調整は、ＯＥＣＤの担当外交官であるブルーノ博士（Bruno Della

Chiesa）と国際諮問委員の私が担当していました。ところがとても深刻な問題が起きたのです。開始して数年後に、欧州ブロックの議長であるボール学長が辞職したのです。理由は、自然科学系と人文学系が一緒に研究することは不可能だということでした。曰く「神経科学者と教育学者は、互いに並行した一方通行の道を、互いに声をかけることすらなく、それぞれ自分の道を勝手に歩んでいる。最善の努力を続けたが、取りつく島がない」。これは欧州ブロックが論文にても発表し、"Brain and education, the distance is too far"と諦めかけました。

しかし、補佐のドゥハーン教授は、徹底的に神経科学からのアプローチを継続し、世界的な成果を生み出しました。このOECD国際プログラムでは、三ブロックから約一〇年の間に膨大な数の重要論文が発表されました。さらに、一般向けに、三冊のOECD編の書籍が出版されました。なかには六カ国語以上で出版されたものもあります。日本語の「神経神話」（Neuro-mythology or Neuro-myth）という訳語と話題も、この書籍の日本語版から広まりました。

一方、ハーバード大学とその関係大学が事務局となった「脳・心・教育学会」（Mind, Brain, and Education Society）は二〇〇四年の発足以来、毎年定例の国際シンポジウムを開催しています。国際学術誌*MBE*も定着しました。この名称のMBEは日本の「脳科学と教育」を踏襲しませんでしたが、その理由は、ハーバード大学の心理学者たちが、脳科学では心理学が入らない。自分たちは連携しようがないと猛烈に反対したからです。国際学術誌の出版社（Blackwell：二〇〇七年に合併してWiley-Blackwell)は、当初、Brain-Science and Educationという誌名がよいとの見解でしたが、最終的には*The Journal of Mind, Brain, and Education*(*MBE*)と決定されました。日本では、心は脳が生み出すと考える人々も多いですが、宗教文化が色濃い欧米では、心について異なった感情があるようです。

(4) 創造と遠く離れた異分野の架橋融合

創造と遠く離れた異分野の架橋・融合は、深い関係があります。経済学者のシュンペーター(Joseph Alois Schumpeter、一八八三-一九五〇)は、約一〇〇年前に、イノベーションという現在花盛りの概念を提示しています。イノベーションの原義は「新結合」(neue Kombination: new combination)です。つまり、まったく別の要素を結合させて、新たなシステムを創ることです。これは「創造」そのものです。

上記の「脳科学と教育」は、自然科学の分野である脳科学と、人文学・社会科学の分野である教育学という遠く離れた二つの分野を架橋・融合させる試みで、正にシュンペーターが提示した「新結合」の試みであったのです。「新結合」(イノベーション)を実際に成功させるのは多くの困難が伴います。OECDの試みでは、当初は大変に熱心だった欧州ブロックの議長が、現実には不可能だといって辞任しました。ハーバードグループが中心となった試みの「心・脳・教育」

（MBE）はかなりの水準で成功しつつあるかと思われます。その鍵は、心理学（Mind）、神経科学（Brain）、教育学（Education）の三つに分割し、あまりに距離の遠い神経科学と教育学の間に、中継点として心理学を入れたことでした。心理学者が、神経科学と教育学の仲立ち（仲介）をしたのです。

このように距離の遠い分野の架橋融合には、接着材を配することも要となることがあり、環学性（trans-disciplinary）概念の応用でもあります。

日本の「脳科学と教育」プログラムも大きな困難の連続でした。次に述べるコホート研究はとりわけ難しいものでした。運営グループの中では、真剣な議論になればなるほど、自然科学系と人文科学系が対立してしまうのです。そのうちに何が対立の原因となるのかが少しずつわかってきました。自然科学系では、研究の方向性が演繹的なのです。一方、人文学・社会科学系では、研究の方向性は帰納的です。自然科学系は厳密な仮説を立てて限定的な独立パラメータに対して演繹的に検証するのが日常ですが、人文学・社会科学系では、人間や社会を扱うためにパラメータの数と相互依存性が高くなります。研究の方向性を帰納的に少しずつ絞り込んでいくことになります。両者が正面から対峙しますと収集がつかなくなるのです。

失敗を繰り返すうちに、少しずつ智慧がついてきました。例えば、議論を演繹的な方向に強く振るのです。すると自然科学系が勢いづきます。しかし、現実の社会問題がかかわってきますと、少数のパラメータのみの議論が不可能になってきます。すると、帰納的な方向へ進むしか選択肢がなくなり、今度は人文学・社会科学系が奮い立ちます。このように交互に振りながら、漸近的に議論を収束させて最終結論を得るのです。これは、組織が行う一つの創造の過程であることに気づきました。

類似の手法を個人に適用することもできます。もともと、創造の過程は、よくよく考えてみれば、拡散的な思考から帰納へ進み、収束させる思考によって演繹へともち込むという漸近的な手法が一般的かと思われます。

(5) コホート研究

実際には、多くのコホート研究がほぼ同時にスタートしました。大型研究の「脳科学と教育」にはタイプⅡのプロジェクトが六本ありましたが、すべて、前方視的なコホート研究(longitudinal prospective cohort studies)でした。一部には摂動的な介入(intervention)を組み込んだ新たなタイプのコホート研究も走りました。さらに、発達コホート、いわゆる前方視的縦断研究(prospective longitudinal study)としての誕生コホート(birth cohort studies)も、日本で経験がないようなきわめて厳密なコホート研究として開始されました。「日本の子どもの認知行動発達に影響を与える要因の解明」を目的として、いわゆる「すくすくコホート」(Japan

Children's Study：JCS）という名称でスタートしたのです。

最初は、コホート研究という認識自身が省庁にもほとんどありませんから、「何でこんなに時間がかかるのか」と叱責されました。基本的には単年度予算で回るのが日本の研究で、それが一〇年、二〇年という話になると、そのようなものはとてもできないというのが最初に立ちはだかった壁でした。

お役所からは「予算を倍にするから、研究期間を半分にするように」と指導が入りました。赤ちゃんの発達は一定の時間がかかりますから、いくらお金をいただいても、赤ちゃんの発達を倍のスピードに速めることはできません。そのくらいコホート研究は理解されていませんでした。ただ、一五年間が過ぎた今は状況が一変し、多くの社会課題の解決に向けてコホートを実施する風潮となりました。実際はとても難しいので、そのときに苦労された山縣然太朗先生が中心となり、日本の大型コホート研究を牽引しています。

私自身は縦断研究から、やはり時間軸に沿って進む進化の研究に強い興味が湧きました。最初の論文は、長い歴史があるシチリア島エリスの国際大学院で発表しました（koizumi 2016）(2)。その後にバチカンの科学アカデミーで講演したものが、海外の Springer 社から一つの章として出版されました（Koizumi 2017）(3)。それらは「進化教育学」のコンセプトを記述したものです。そのきっかけになったのが、ハーバード大学教育学大学院（Harvard School of Education）の研究校であるロス・スクール（Ross School/Ross Institute, East Hampton, USA）との関係がありました。フィッシャー教授（Kurt Fischer）やガードナー教授（Howard Gardner）とご一緒に、この学校の国際諮問委員として十数年間年、お手伝いしてきました。このロス・スクールは、創造性教育や芸術教育、そして人間性教育に注力していて、創立者・理事長であるロス博士（Courtney Ross）が独自の「らせん型教育理論」の下に新しい教育の実践に尽力しています。ロス博士は私の狭い考えを幾度も広げてくださいました。

(6) 創造性教育

国際諮問委員としてロス研究所・ロススクールで何度か講演した内容は、創造性教育についてでした（いくつかはRoss SchoolからYou Tubeに上がっています）。前述の「脳科学と教育」プログラムの中には、直接関係するプロジェクトが少なくも二つあります。一つは、「意欲に関する研究プロジェクト」（代表研究者：渡辺恭良理化学研究所分子イメージング科学研究センター長）と、「洞察」過程の脳内機序に関する研究プロジェクト（代表研究者：仁木和久産業技術総合研究所主任研究員）です（役職は当時のもの）。これらの国家プロジェクトを通して、創造性を正面から研究することの困難性を知りました。例えば、仁木博士の「洞察」の研究です。機能的ＭＲＩなどの脳機能イメージングによって、人間の脳内の詳細な機能が生きたままで画像化できるようになりました。そこで「洞察」という創造性の基本的な機能を客観的に扱おうと考えたのです。洞察とは、問題を論理で探究するだけでなく、ある時に急にひらめいてアイデアを得た瞬間のメカニズムを明らかにすることが必要です。

ところが、ひらめきは一瞬で、その瞬間に問題は解けてしまうのです。通常の心理パラダイム（計測用の心理課題）のように繰り返して課題を提示し、データを積算して精度を上げることが困難です。一度解けてしまった問題は、二度と同じような心理課題にはなり得ないのです。さらに、よくいわれるように、お風呂の中で思いついたとか、トイレで思いついたという話もよく聞きます。

(7) 洞察の瞬間――ラウターバー博士のＭＲＩ原理発見

例えば、ＭＲＩ（磁気共鳴描画）の基本原理を思いついたラウターバー博士（Paul Christian Lauterbur、一九二九-二〇〇七）です。博士から特許の支援も依頼されたので、当時ご一緒しました。また、ＭＲＩの基本原理を独力で思い着いた瞬間のことも、以前、話してくださったことがあります。博士は、波長に依存しない分光学的手法を、何年間もずっと考え続けていました。よく知られているように、光学顕微鏡の分解能は通常の光学技術では使っている光の波長あたりです。分解能を上げるために、より波長の短い電子線が使われるようになって、電子顕微鏡が発展しました。ラウターバー博士は、一波長内の区間でも空間位置を別の方法でエンコードできれば、波長より短いものが観察できることを思い着いたのです。それが「傾斜磁場」という空間位置をエンコードする新たな手段でした。

博士はちょうどお昼休みで、大学に近いハンバーガーショップで昼食をとっていましたが、ふと「傾斜磁場」というアイデアが浮かんだのです。博士は、使っていたナプキンにペンで走り書きをして、それをつかんで家まで駆けて帰ったとおっしゃいました。「洞察」とか「Aha!」とかの瞬間です。創造性の中心的な部分です。この洞察によって、MRIの分解能は理論的には無限小となり、感度のみで規定されることになりました。一T（テスラー：一〇〇〇〇ガウス）の磁場に共鳴する陽子の周波数は、四二・五七 MHzです。この波長は数m以上ですから、波長限界でいえば、ゾウやクジラしか識別できないことになります。しかし、MRI顕微鏡は空間分解能が数ミクロン（一〇〇万分の一m）に迫っています。

これが磁気共鳴画像の本質で、ラウターバー博士はマンスフィールド博士（Peter Mansfield、一九三三-二〇一七）とともに、二〇〇三年のノーベル生理学・医学賞を受賞しました。

少しずつわかってきた創造のメカニズムで大切なことは、一つは人間の脳は膠着や拘泥という性格をもつことです。一度入り込んだ考えから抜け出すことは容易ではありません。膠着や拘泥から自由になった瞬間にひらめくのです。その「自由」になることに大切なのは、後述するような「意識下の制御」と「情熱」です。

3　進化教育学／進化保育学

(1) ビーグル号の航路をたどって

二〇一三年、夏休みの少し前の頃でした。突然、ロス博士から連絡が入りました。「今、ガラパゴス（諸島）に来ています」ということでした。どうしてガラパゴスにと思ったら、「新造されたヨットで、ダーウィンの通った場所を全部そのままトレースする予定」というのです。「それで、ガラパゴスを、今、発つところなんだけど、どこか国際空港に迎えに行くから南太平洋まで出てこれませんか」との連絡でした。

たまたま夏休みの直前でしたし、ダーウィン（Charles Robert Darwin、一八〇九-一八八二）のビーグル号の航路の跡を、そのまま航海するのはとても魅力的でした。すぐに近くの旅行会社に行って、「南太平洋で空いてるとこはない？」と。そうしたら、タヒチのパペーテへ行く新婚旅行用の直行便が一席だけ空いていました。周りは新婚旅行のカップルで、その中に一人だけ紛れ込んでパペーテへ降り立ちました。

ヘリコプターが迎えにくるのかな？　と思っていたら、ヨットが空港沖合まで来てくれていたのです。ヨットを見てびっくり。大型の外洋船舶でした。大きいので浅い所までは来られませんが、ジェットボートを前と後ろに一艇ずつ積んでいて、それが空港の隣の岸壁まで迎えにきてくれました。珊瑚礁の海をジェットボートは疾走し、ヨットに近づくと、中層階のデッキに立ったロス博士が歓迎の手を振ってくれていました。

(2) 南太平洋ソシエテ諸島

ヨットが錨《いかり》を下ろしていたのは、偶然にも、ダーウィンがタヒチに入って、タヒチの女王に謁《えっ》見《けん》するときに錨を下ろした場所でした。『ビーグル号航海記』（*The Voyage of the Beagle*）（Darwin 1839）によりますと、登檣礼（水兵全員が戦闘態勢を解き、全員が帆桁に並んで敬意を表する儀礼）をもって女王を迎えたとあります。

ヨットが最初に向かったのが、モーリア島のクック湾でした。タヒチ島の隣にあるモーレア島は画家のゴーギャン（Eugène Henri Paul Gauguin、一八四八－一九〇三）が最も愛した島で、とくにクック湾が大好きだったといわれています。

そのあとは、さらにソシエテ諸島（Society Islands：探検家クックが英国王立協会にちなんで名づけた。現在はフランス領ポリネシア）に沿って航海し、ロス博士のヨットがニュージーランドへと向かう前に、私だけは日本へと飛び立ちました。珊瑚礁の海に潜って魚と一緒に泳いでしまったら、釣りをする気分にまったくなれず、魚と友だちになってしまった感じです。

そして、ダーウィンの航路を航海する中で、ロス博士と議論を続けました。創造性を育む教育のらせん構造について、途中、若い数学者も加わりました。カリフォルニア大学の南太平洋研究所（Richard B. Gump South Pacific Research Station）を訪れて所長と討議し、進化のことを深く考える機会も頂戴しました。帰ってきて世界中の古生物に関するインターネットをチェックしました。とにかく古生代とそれ以前の良質の化石を手に入れ、実際に触って自分の目で確認したいと思いました。そのうちに部屋の中は化石であふれ、同時にたいへん散財してしまいました。

(3) 創造性の起源――化石から見た古生代とそれ以前の生命進化

手に入れた化石の一つは、三四・五億年前のストロマトライト（stromatolite：藍藻の化石）です。この頃から浅い海に繁殖した藍藻が、地球大気に酸素をもたらしました。ですから、私たちが生きるために必須な酸素は生物由来です。

カンブリア紀の一つ前のエディアカラ紀（約六億年前）は、動物にとっての黎明期でとても興味深いのです。その頃はクラゲやイソギンチャクみたいな柔らかいものしか地球上にはいませんでしたが、そのときの化石もロシアの北海沿岸などから発掘されます。そして、カンブリア紀の大爆発で多種多様な動物が現れたのはよく知られています。

そのころ体の表面が硬くなり、三葉虫も現れました。造山活動で海中に流れ出た炭酸カルシウムを使って、硬い外骨格が造られ、それを支点とした脚によって俊敏に動けるようになりました。遠くを見る必要が出てきて目が非常に発達しました。五億年近く前の化石ですが、複眼が完璧なかたちでできあがっています。最近の研究でも、この複眼のレンズの化石には非球面レンズのものが発見され、今のハイテクでも追いつかないレンズがはまっているケースがあることがわかってきています。

(4) ナメクジウオのゲノム解析（ヒトとの共通性）

新しいデータとして現れたのは二〇〇八年の *Nature* のデータですが、ナメクジウオの遺伝子解析が進められたのです（Putnam N et al. 2008）[4]。ナメクジウオは生きた化石といわれます。五億年ぐらい前のカンブリア紀のハイコウエラの化石とよく似ています。日本の近海にも同じものが生息しています。目もありませんし、体で光を感じる透き通った脊索動物。幻想的な生物です。

ナメクジウオの遺伝子解析をしたら、総数が二万一六〇〇個であったと報告されています。一番新しいデータでは、人間の遺伝子の総数が約二万二〇〇〇個でほとんど同じです。しかも、六〇％がヒトと共通ということがわかりました。ですから、五億年というとても長い間を通して、私たちの体の半分以上はそのままずっとつながってきたということです。そのところが、人間を理解する本質につながり、これからの子育てに大変関係すると、私は考え始めました。

(5) 対数らせん

南太平洋に生息しているオウムガイは「生きた化石」といわれ、ジュラ紀の頃からまったく同じ状態で生息しています。これを半分に切って、その断面をただコピー機で三分の一、六の一に縮小してもとの画像に貼り付けてみます。六分の一にしたものと中心部分を比較すると、非常によく似ているのがわかります。対数らせんとは、らせんのどの点をとっても、その点と中心とを結んだ線が接線と一定の角度を取るというものです。すなわちたった一つのパラメータで決まる最も基本的ならせんです。私には、発展の本質を現しているように思えてなりません。

オウムガイのらせんは、断面を見ると接線は同じ角度で無限に続いていきます。中心は、数学的には一点、正確な場所がありますが、無限にそこに近づくことになり、いつまでも中心にはたどり着きません。そういうとても面白い数学的な図形です。宇宙の銀河系、地球上の台風、たくさんの巻貝、このオウムガイもそうですが、数学的にみんな同じ対数らせんです。古生代の三葉虫には対数らせんで捻じれた角をもつものもあります。アンモナイトも対数らせんですが、興味深いのは、巻いた部分が互いに接着していない角型のアンモナイトの化石もあるのです。バネのような形です。けれども、締まって巻き込んだものが淘汰に残りました。構造上も無駄がありませんが、接線が常に一定の角度をなすことがこれを可能にしたと考えられます。

(6) 対数らせん上の系統発生と個体発生

対数らせんで考えていくと、いろいろな概念がつくりやすいのです。古生代より以前の三五億年前、古生代、中生代、新生代、そして、現代という時間軸を、実際には、私たちの体のつくりは体内でずっと進化を繰り返して、しかも、非常にすさまじく早いスピードで繰り返して生まれてくるのが、だんだんはっきりしています。

これはヘッケル（Ernst Haeckel）が大昔にいいましたが、「それは贋説《がんせつ》だ」、「データは捏造《ねつぞう》だ」などといわれました。ごく最近になり分子生物学が発展して、捏造ではないことがだんだん明らかになりつつあります。今、ヘッケル関係の本が、日本でも盛んに出版されています。

一方、フレキシヒ（Paul Emil Flechsig、一八四七-一九二九）という人が、一〇〇年前にすでに研究していたのは、神経を被覆する髄鞘《ずいしょう》化の順番です。生まれてくる途中に亡くなった赤ちゃん、しかも、脳の神経細胞を正確に観察するためには、新鮮な、亡くなったばかりの脳を手に入れる必要がありました。一〇〇年間、追試がほとんどされなかったほど、大変な労作でありました。

そのときにフレキシヒは、神経線維の周囲を絶縁する膜（ミエリン鞘）の完成時期が、脳の部位によって異なっていることを発見しました。被覆されていない状況の神経は、ちょうど裸電線みたいなもので、情報の伝達効率が悪いですが、被覆が完成してくると、いわゆる跳躍伝導というかたちで情報が伝わり、およそ一〇倍から一〇〇倍早くなります。そうすると、頭の中での情報処理が速くなることがわかっています。

例えば、赤ちゃんがおなかの中にいるときに、自分の体の感覚、感触をわかっていることが知られています。お母さんのおなかを内側からぽんぽんと蹴る運動関係は、非常に早く発展、発達します。それから、聴覚も非常に早いです。ところが、進化の過程で、チンパンジーでもまだ十分に発達しきれていない前頭前野は、二〇歳になってもまだ発達します。さらに、現在では、二十数歳でもまだ発達が続いているといわれ始めていて、髄鞘化も、もう一度、見直されている研究分野です。

しかも、最近の高性能コンピューターを使用した情報科学によって、五万年ぐらい前の化石から遺伝子の解析ができるようになりました。ネアンデルタールとホモサピエンスはどこが違っていたか。今、新しい話題になっているのは、言語に関する遺伝子が、ホモサピエンスになってからの突然変異で初めて現れてきた可能性です。

4 創造性を育む意識下の制御

(1) 八木重吉詩集『秋の瞳』

私は、八木重吉の詩が好きで、詩集をいくつか読んでいました。『秋の瞳』には、本当に美しい詩があると一般に知られていています。なぜかというと、たくさんの作曲家がこれらに曲をつけています。綺麗な曲ばかりです。すると、正に秋の素晴らしい情景を歌ったものが、この詩集のほとんどだという錯覚を受けます。それなのに次のようなものがあることは、本当に信じられませんでした。

「人を　殺さば」

ぐさり!　と
やつて　みたし
人を　ころさば

こころよからん

八木重吉はとても純粋な人でしたが、肺病で若くして亡くなりました。子どもを残して早逝したことは、本当に辛かったろうと思います。純粋な人でしたから、だまされたことも多かったようです。人をだますような人たちに対しては、ぐさっと刺してみたいと何度も思ったことでしょう。しかし、もちろん、実際はやっていません。重吉は敬虔なクリスチャンでした。

最近は、ナイフを持ったら、気がついたら刺してしまっていたという子どもたちが出てきています。これは、意識下の話です。昔は、例えば、映画でも、親に向けて包丁を手に持って刺そうとしても、手がぶるぶる震えて最後は刺せなかったということが起きますが、今はそうではありません。本人が気づいたときには、すでに刺してしまっていたということも起こります。本当は、ここもきちんと研究しないといけません。ある程度推量はついていますから、そのあたりはとても大事で、意識下をどう育むかを示唆しています。

(2) 俵万智歌集『プーさんの鼻』

さらに、赤ちゃんの好奇心・意欲にかかわってくるReaching（リーチング）です。これは、安梅先生にも大変お世話になったコホート研究の中で、赤ちゃんとともに協力してくださったお母様方に、何かプレゼントを定期的にしたいということから始まりました。ソニー教育財団で理事としてご一緒していた歌人の俵万智さんに相談したら、しばらくして素晴らしい短歌を送ってくれました。それまで気づきませんでしたが、赤ちゃんのこと、しかも子育てを対象にした歌集はありませんでした。ちょうどそのとき、万智さんには赤ちゃんが生まれたところで、子育ての真最中だったのです。その中で新しい歌を詠まれて、提供くださったのは全部で一〇一首でした。やがて、万智さんは『プーさんの鼻』（文藝春秋）という題で歌集を出され、二〇〇六年の若山牧水賞を受賞されました。

この歌集の題目ともなった「生きるとは手をのばすこと幼子《おさなご》の指がプーさんの鼻をつかめり」という歌が入っています。これは、まさに発達心理学でいうリーチング（手伸ばし行動）です。「すさまじい、まさに人間の生、生きる力を感じた」といわれていましたが、もちろん、神経科学とのご縁がおありではないので、万智さんの直観による洞察です。芸術家は、ロジックからではなく、何が本質かに直観的に気づきます。意識下で判断できるところが素晴らしいのです。まさに、手伸ばし行動が人間の本質的な意欲の発露と考えられます。

(3) 赤ちゃんは科学者

情動系を司る大脳辺縁系も関係してきますが、実は人間の本質は、コンピューターと比較すると明確な違いがあります。まず、手伸ばし行動と同じように、何かがあってそこに興味を示したら、赤ちゃんはそこに何かの行動によって、何らかの影響を与えます。そして結果を観察するのです。もう少し動けるようになってくると、今度は、はいはいをして近づいて、手を伸ばして何かをつかんで、そして口に入れてなめてみるという探索行動をします。

これは人間の奥深くに備わった探究心の発露とも見ることができます。科学する心の原型が現れたとも思えるのです。発達の初期の最も初期に現れる心の一つということは、「進化教育学」で考えると、進化のかなり初期に備わった心である可能性が示唆されます。すさまじい意欲をともなった探究心で、これは人間の生存の基本に位置づけられる行動の可能性が考えられます。

以前、クール教授（Patricia Kuhl）（ワシントン大学「学習と脳科学研究所」副所長）と議論したことがありました。先生は『揺籠の中の科学者』（*Science in the Crib*）と題した書籍の著者の一人です。発達心理学が専門ですが、その視座から、乳幼児にも科学者の特性が見られることに強い興味を示していました。ソニー教育財団の幼児教育支援プログラムの中で「科学する心」を育む活動に私が協力しているのも、幼児期には既に科学の芽生えがあることを前提にしています。

5 感動・情熱と創造力

(1) 脳とコンピューターの本質的な違い

それ自身が大事な学習過程であって、そこには何かプログラムがあるわけではありません。しかし赤ちゃんはそういう行動を取る。例えば、手を伸ばしてプーさんの鼻をつかむと、手の感覚で、「これはどういうものだ」という感触が学習できます。見ていて柔らかければつぶれるし、硬ければつぶれない、それも学習できます。さらに、音がするかどうかです。

まったく未知のものに対して何かちょっかいを出し、そこから情報を得て自然界を知る。アルゴリズム（algorithm）という情報を解析する手段自身を学んでいるのが赤ちゃんです。

コンピューターはそうではありません。いわれたとおりのことしかできない、マニュアルどおりです。ですから、コンピューターで大事なのは結果であって、それがすべてです。つまり、マニュアルどおりにできるだけ短時間で、できるだけ正確にやるかです。しかし、少し違ったことをやろうとした途端に苦労する。それがコンピューターです。人間のコンピューターとの差の中に、人間の素晴らしい点が存在するとも考えています。創造性もその一つです。

(2) 人間とチンパンジーの相違

人間とチンパンジーの差という進化で、もう一度見るとどこが違うか。種としては、人間に最も近い種がチンパンジーです。遺伝子もほんのわずかしか違わない、ほとんどきょうだいです。しかし、大きく違うのは階層的な文法能力で、ネアンデルタールも言語はなかったと最近考えられ始めています。それをホモサピエンスはもちました。複雑な道具を作る、道具自身を作る道具まで作りました。

それから、積極的な教育は何でもないようですが、チンパンジーの研究者から論文は時々出るものの、そのあと、全部否定されています。教育に見えるが実際には教育ではなく、基本はまねるという子どもの行動ということがはっきりしています。あとは、慈愛、憎しみなど高次の感情をもちます。

さらに、未来を考えることが大きな違いだと私は考えています。これをあまり強調し過ぎると、宗教との間に問題が出てくるので慎重に進めています。

(3) 快楽中枢の刺激

未来を考えたり、将来を予測する原点には、実は快・不快があります。半世紀も前に、オルズ(James Olds)らが行ったネズミの実験があります。快楽を感じる側坐核に電極を埋め込んだのです。ネズミがレバーを押すと電流が流れ、自分の快感中枢を刺激します。そうすると、ネズミは恍惚《こうこつ》感に浸ります。それは、レバーを押した後、しばらくしか続きませんので、途絶えるとまたレバーを押します。そればかりを繰り返し、時には死ぬまでやり続けるのです。これは麻薬、あえていえば、賭け事やゲームと原理的には同じです。

快・不快は進化の過程でも続いてきた、生物にとっては最も根源的な情動です。五億年前も現在も同じ快・不快とはいいませんが、広義の快・不快が生物の生存確率の指標となってきました。例えば、温もりを求めて移動したり、よい匂いがする方向へ動いたことは十分想像できます。なぜならば、温もりによって免疫力や消化力が高まれば、生存の確率が高くなります。また、よい匂いがする方向に動けば餌や食餌による栄養の確保ができますから生存の可能性が高くなります。快・不快は生物の生存確率を高めるための大切な指標、そして羅針盤です。

逆に不快を感じた場合には、それを嫌って忌避する行動を引き起こします。そうすると、やはり生存確率が上がります。生物は五億年間、進化の中でずっと同じことをやってきました。人間の場合も同じです。おなかが空いたときにおいしいものを食べると、快感が得られます。セックスもやっぱり同じように種を維持するために大切で、そのような快感を伴います。快・不快は生存するための行動を決める羅針盤となります。

(4) 精神的な喜びによる報酬系の賦活

定藤規弘教授（生理学研究所）が「脳科学と教育」プログラムの中でNeuron誌に発表した重要な実験があります（定藤 2008）[5]。「金銭」のみならず「社会からの評価」という抽象的なご褒《ほう》美《び》も、美味しい物を食べた時とおなじような快感が得られる脳のメカニズムの発見です。

線条体という部分は尾状核と被殻で構成されていますが、この線条体が、いわゆる報酬に関係が深いことは動物実験からわかっています。人間の場合も、美味しいものを食べて快感を得ると、ここが働きます。動物の場合、ご褒美は好きな食べ物です。ですから、イルカを訓練するときには、ご褒美にすぐ小魚をやります。サルの芸もうまくできればすぐバナナを与えたりして、それで人間が意図する行動が続けられます。

人間も基本的には同じです。お金についてはすでに先行研究がありますが、定藤教授の新たなテストは、名誉など精神的な報酬でも同じような場所が強く活性化するということを示したのです。線条体を構成する尾状核でも被殻でも、同じような結果が見えてきました。

ゲームをやって勝ち、思わぬお金が入ると、この場所が活性化します。ここまでは先行研究からわかっていましたが、名誉のような精神的報酬でも同じことが起こるのです。被験者の心理的なテストをきちんと事前に行い、その結果として、「あなたは社会的・人格的に信頼に足る人だ」というテスト結果を、fＭＲＩ装置の中で聞かされます。しかも、目の前に自分の顔が出ます。そのときに評価が高いと、報酬系の一部である線条体が強く活性化します。一方、評価が低いと、活性化が小さくなります。

こういう精神的なものでも報酬系が物質的な場合と同じように働くというのはきわめて重要なことだと、私自身は考えています。なぜかというと、動物は自分が得しないことはやりません。しかしながら人間は、自分がすごく損することをやったとしても、誰かがものすごく喜んでくれたときには、それでうれしさ（快感）を感じるものです。それの証明になっていると、私は考えています。

これは、まさに人間の尊厳とも直結する話になっていくのではないかと、感じています。ここはさらに追究してくださいと、定藤先生にお願いしていますが、まだきちんとした結果が出るまでにはしばらく時間がかかるかもしれません。

(5) 他人の不幸は密の味

私はそのときの生のデータで、非常に気になっているものがあります。定藤先生は、reference（参照）のために他人への評価も一緒に計測しています。すなわち自分の友人が同じような心理テストを受けてどう評価されるかを、聞かされる際の脳の活性化を測ります。すると友だちの評価の方が大変に高いと、逆の方向の信号が出ます。これは、被験者本人がうれしく思わないことを意味しています。ここはもっと研究すべき点だと思います。

人間の本質の中に、「他人の不幸は蜜の味」というものがあります。これが実はいじめとか紛争、そういうものの根幹にあるのではないかと、私は考えています。ですから、このところの人間の本質を神経科学からきちんと研究することは、非常に大切だと考えます。応用哲学分野にある倫理学にも、この課題は重要かと思われます。

(6) 進化した報酬予測

人間がとくに進化したのは、未来の報酬に対しても予測によって快感を得ることができる点です。予測して快感を得て、さらに実際のご褒美で快感を再び得るということです。動物の場合だと、いわれたとおりに芸をやった直後にご褒美をあげないと理解ができません。一〇分後にご褒美をあげても人間以外の動物は、何でもらえたのかわからないのです。

人間は、未来を考えられます。極端なことをいうと、一〇年後に確実にうまくいくということを、自分が確信をもったときには、もうそれでうれしくなります。自分の中でご褒美がもらえます。ここが大変重要な点だと思います。

快の反対、不快についてもそうです。未来の不快や恐怖を予測できます。ずっと未来を考え続けると、当然、最後は死ぬところに行ってしまいます。一般には恐怖や心配の終着地です。けれども死ぬときのことはわかりません。考えて結論が出るわけではありません。不安だけは増して行きます。精神科の研究でも、そのあたりをきちんとやる必要があると、私は考えています。

⑺ 人間言語固有の特徴

なぜ将来とか、未来のことを考えられるか。先のことを考えられるから、そこに創造性も出てきます。これはまさに、ホモサピエンスが初めてもち得た人間固有の言葉の特徴と考えます。

言語学ですので、硬い言葉になっていますが、難しいことをいっているのではありません。この「転移性」というのは、例えば、「明日の朝、あの海岸に行けば、朝日を見ることができるだろう」というように、言葉では時間も未来の時間に飛んでいくこともできるし、場所もそうです。これから旅行に行く場合、「一週間後、アメリカに行って、アメリカで朝日を見ることもできるだろう」ということも、言葉ではすぐいえます。空間も時間も飛び越えることができます。これが、人間の言語の素晴らしいところだと思います。

それから、チョムスキー（Noam Chomsky）が指摘していますが、文法的に正しいことと、それが現実に存在して現実的な事情として正しいということは関係ありません。これも言語のとても重要なことです。つまり、言葉ではどんなに現実性のないことも正しくいえてしまいます。そこのところが大変難しいです。

未来のことについても、言葉では厳密に文法的に間違いなくどんなことでもいえます。その辺に、これから人間の先々を考えるときに、いろいろなヒントが出てくると考えています。それにどうして気づいたかは、ここでは割愛します（小泉 2011）[6]。

(8) 感動したときの脳活動

創造性を育むためにもう一つ、とても大事なことは、感動経験です。二〇〇〇年当時、感動の脳科学には、あまり研究がなされていませんでした。しかし、世界には二つぐらいの研究室が強い関心をもって、研究を進めていました。ロンドン大学のターナー教授（Robert Turner）と、南カリフォルニア大学のダマジオ教授夫妻（Antonio and Hanna Damasio）です。ターナー教授が、世界で最初に感動を観測したデータを送ってきてくれました。ターナー教授は、一九八〇年代にｆＭＲＩを世界で最初に研究開始した研究者で、Victor Witter Turner という、高名な文化人類学者の子息です。

そういう文化人類学の父上と一緒に、祭りを研究するため、日本を含め世界中を歩いていましたが、彼自身は数学者・物理学者です。きわめて優秀で、創造力の塊みたいな人です。教授はコーラスもやっているし、古楽器に凝っている人間ですが、音楽でこれだけ感動するのは、いったい脳では何が働いているのか、世界で最初の段階で実測しました。その結果、歌で感動した時の脳から、予想しない部位の活性化が見つかりました。島皮質（insular cortex）という場所です。側頭葉を開いてみると、その奥にあるのが島皮質です。最近わかってきたのが、内臓の感覚もみんな島皮質に集まってきています。ですから、身体性の一つの観測部位、あるいは内蔵感覚を含めて多くを受け止めている場所です。感動とは脳だけの話ではなくて、身体性と直結しているというのが、神経科学からわかったことです。

お話ししてきた中で、進化は大変重要なことです。進化の順番は、五億年間の進化がほぼ繰り返されています。その繰り返されたものがいろんなところに顕在化して残っています。脳の場合は、中心の脳幹から外へと進化しましたが、脳幹は生命を維持する呼吸や循環器系です。その周りに古い皮質があり、これは、「生きる力を駆動する脳」と書きましたが、本能の脳です。一番外側に新しい皮質があります。「よりよく生きる」ための脳と書きましたが、いわゆる知育に関する所は、新しい皮質に関係する教育になります。古い皮質は割と忘れ去られていますが、まさにやる気です。やる気がなければ、いくら周りを鍛えても、何も起こりません。

私はよく図書館のたとえをしますが、すごい蔵書の素晴らしい図書館が存在しても、使う人がいなかったらまったく意味がありません。新しい皮質は、スキルも含めて、そういう知的なものの宝庫ですが、その内側、大脳辺縁系がやる気を起こすのです。赤ちゃんのリーチングのように、何かにすさまじい興味をもって、つかんで口に入れてまさぐる意欲がなかったら、何も起こりません。ですから、「創造性」には詰まるところ、Passion（情熱）が要《かなめ》だと感じています。

(9) 好きこそものの上手なれ――科学の楽しさ・意欲の調査

そこで、日本の場合は大きな問題があります。「脳科学と教育」の記述の中でもお話ししたＯＥＣＤ（経済協力開発機構）のＰＩＳＡ（Programme for International Student Assessment：生徒の学習到達度調査）という国際比較のテストがあることは多くの方々がご存知かと思います。ただ、日本で文部科学省から発表されるのは、このＰＩＳＡの中で学力に関する、いわゆる知育の結果です。例えば、フィンランドやシンガポールの得点が高いと大騒ぎになりますが、日本も決して悪い成績ではありません。一方、同時にＰＩＳＡでやっている意欲のテストもあります。私はＯＥＣＤで一〇年ほどお手伝いしていたので、この部門の人々と一緒にやることもあり、詳しい情報をもらっています。注目すべきは二〇〇六年に実施したＰＩＳＡの意欲調査の結果です。

参加した五七か国、一五歳の男女、高校生四〇万人の中で日本の位置づけはいかなるものでしょうか？　このときは科学の学習についての意欲調査でした。「Ａ：科学の知識を得るのは楽しい」「Ｂ：科学を学んでいるときは楽しい」「Ｃ：科学を学ぶことに興味がある」「Ｄ：科学の本を読むのは好きだ」「Ｅ：科学の問題を解くのは楽しい」という五つの項目に対して、興味の程度を質問したものです。

参加五七か国中の日本の順位ですが、A項目：五三位、B項目：五四位、C項目：五二位、D項目：五七位、E項目：五四位でした。つまり、「D：科学の本を読むのは好きだ」というのは五七か国中最下位でした。このデータは日本国内ではほとんど公表されていません。日本では知育の結果が重視され、学習意欲の調査は無視される傾向にあります。けれども、意欲の調査結果の方が深刻で重要です。結果からすると、日本の子どもたちはやる気をなくしているのです。

国立の教育研究所でも、追跡の研究をやりました。小さいときはそんなに意欲の水準が低いことはありません。中学生ぐらいになると意欲が急激に減退して、高校辺りで最悪になります。これは、入学試験とマニュアル的な教育とが大きく影響を及ぼしている可能性があります。意欲と意識下を、小さいときからきちんと鍛えないと、日本の将来には厳しいものがあると思っています（ＯＥＣＤ教育研究革新センターほか 2010）[7]。

何とかしたいという思いから、ソニー教育財団の手伝いをしたり、新しい教育のプラットフォームとなり得る国際学術誌の発刊に協力したりしています。*Nature* 誌の姉妹誌として、二〇一五年に *Science of Learning* という学術誌が出ることになりました。自然科学系の学術誌しか出版しなかったＮＰＧ（Nature Publishing Group）が、教育系の学術誌を初めて出版したのです。豪州ブリスベンで開催された出版記念シンポジウムのパネルで、「意識下を育むことの重要性」をお話ししたら、「誰もが考えていなかった」という発言が返ってきました。しかし、それが不要という意見はゼロでした。「いわれてみればそのとおりだ」というのがそのときのパネリスト全員の答えでした。アインシュタイン（Albert Einstein、一八七九－一九五五）も述べているのですが、新しい発想は、おぼろげな空間図型から不連続的にひらめきます。その次の言語化された段階から力わざとなります。ひらめきとは、意識下から意識上に遷移する瞬間なのです。また、*Nature* 誌編集長のキャンベル博士（Philip Cambell）とも議論しましたが、「教育の科学」と「倫理の課題」（科学技術の影の部分）はＮＰＧにとっても今後、重要となるという点で、意見が一致しました。

⑽ 創造性と倫理

科学という概念自体は本質的に中立であって、科学自体に倫理は直接関係する場面は少ないと思います。すでに述べてきたように science 自体は、人間を含めた自然界をより深く正確に理解する営みであるからです。しかし、engineering/technology は、自然界や社会に人間が人工物をもち込むことになりますから、直接、倫理に深く関係します。

創造（creation）は、一般によいものだという風潮がありますが、ここには注意が必要です。新しいシステムが生まれると、多くの人々はその善用へと向かいますが、必ず一方で、早い段階から悪用する智慧を働かす人々が現れます。

これは倫理（ethics）の範疇の課題となります。今後、「創造と倫理」（Creation and Ethics）が新たな分野として登場することが期待されます。

7 おわりに

「創造性を育む」という大変難しい課題を今日は頂戴しましたが、私は、創造性教育は、詰まるところいかに内発的な意欲・情熱を得られるかにかかっていると思います。芸術家を含めて創造的なことをやった人と話をすると、強烈な情熱を感じます。例外はありません。冷めているように見えても心の奥に煮えたぎったような情熱を秘めている人もいます。いつも冷静な人から、とんでもなくよいアイデアが出たというのは、聞いたことがありません。

とくに小さなお子さんを育むうえで、小さいときにこそそういう情動を育むべきだと考えます。なぜかというと、先ほどお話ししたように、進化の順番を経て私たちは成長していきますが、情動系は最後に進化した知能系よりも、もっと古い時代に進化したところです。ですから、より小さいときにきちんと教育しないと、後からは取り返しがつかない可能性があります。この辺もっと研究が必要です。この先も、「進化教育学」の分野を深耕したいと考えています。

そして、最後に述べた「創造性と倫理」という課題の重要性を再度強調して、この文章を終わりたいと思います。

文献

（1）小泉英明（1991）「波出石哲雄先生の想い出」『化学と工業』（日本化学会誌）四四：二八七-二八九頁。

（2）Koizumi H（2016）A decade of my participation in the MBE-Erice: From “Brain Science-Based Education” to “Evolutionary Pedagogy.” In: Battro AM, Fischer KW and Majdalani ML（eds）*Mind, Brain and Education at Erice: Ten Years*, pp.120-127.

（3）Koizumi H（2017）Scientific learning and education for human security and well-being. In: Battro AM, Léna P, Sánchez Sorondo M, von Braun J（eds）*Children and Sustainable Development*, Springer, pp.239-258.

（4）Putnam N, Butts T（2008）The amphioxus genome and the evolution of the chordate karyotype. *Nature* 453: 1064-1071.

（5）Izuma K, Saito DN, Sadato N（2008）Processing of social and monetary rewards in the human striatum. *Neuron* 58: 284-294.

（6）小泉英明（2011）『脳の科学史』角川書店。

（7）ＯＥＣＤ教育研究改革新センター編著・小泉英明監修（2010）『脳からみた学習—新しい学習科学の誕生』明石書店。（原著：OECD（2007）*Understanding the Brain: The Birth of a Learning Science*, OECD Publishing.）

第3章

子どもを「ほめ」て育てるということ

――脳科学からのアプローチ

定藤規弘

ヒトの社会は、血のつながらないヒトとヒトとの間の役割分担で成り立っています。ここで大切なのは、他人のためにみずから行動すること（向社会行動）です。この向社会行動が起こる理由のひとつとして、他人を「ほめる」ことが考えられます。「ほめられること」は他人からのポジティブな評価、いってみれば「社会的な承認」です。「ほめ」を脳のなかでごほうび（報酬）として処理するときには、脳のなかの「報酬系」（お金をもらったときなどのように、心地よい気持ちを引き起こす神経回路）と、他人の心を推測するときの仕組みの、両方が関連していることがわかりました。お金をもらったときも、他人にほめられたときも、同じような、報酬系という脳の活動が起こるのです。解明に役立ったのが、脳の機能を画像でみる「脳機能イメージング」という方法です。また、他人をほめるためには、他人の性格や意図を正確につかむという社会能力も必要です。この社会能力をもつこと、そして他人に「ほめられること」は、私たちが育ち、学び、生きていくためにどのような効果があるのでしょうか。神経科学と人文科学をつなぐ架け橋となる「脳機能イメージング」の研究についても、説明したいと思います。

表1　ほめの定義

「ほめ」とは何か

・他人による**ポジティブ**な**評価**
・成果、成績、属性などに対して下される
・評価者が有効とみなしている**基準**にもとづく
― (Kanouse et al. 1981)(9)

「ほめ」は社会的な承認である

1　はじめに

先ほども述べたとおり、「ほめ」は他人からのポジティブな評価、つまり「社会的な承認」です（表1）。社会的に承認されることで、私たちは無事に生きていられるといってもよいでしょう。「脳機能イメージング」の技術が最近急速に発展したことで、社会的な承認をされたときに、お金による報酬と同じ脳のはたらきが起こることがわかってきました。くりかえしになりますが、他人をほめるためには、他人の性格や意図を正確につかむという社会能力も必要です。この社会能力をもち、「ほめられること」が、私たちが育ち、学び、生きていくことに密接に関連しているらしいのです。こうしたことを述べた後、最後に、ヒトの社会能力について、私たちの細胞レベルから行動レベルまで、いいかえると、ミクロレベルからマクロレベルまでの脳の機能をみて調べることができる「脳機能イメージング」の重要性についても解説します。

2 脳の機能を画像でみる——脳機能イメージング

(1) 心と脳はリンクする

ある部分の脳の血流を計ることで、その部分の脳に何が起こっているのかを知ることができます。

イタリアでは、脳の手術のあとで頭蓋骨の一部が欠けてしまった患者さんの、大脳皮質（大脳の表面の薄い層）の動きを計り、脳の血流は心の動きによって変化することがわかりました。一八八一年のことです（Mosso 1881）[1]。他にもいろいろな例があります。動物実験では、ある部分の脳が活動して代謝が上がることで、その部分の脳の血流が増えました（Roy and Sherrington 1890）[2]。また、後頭葉の動静脈に奇形がある患者さんが「頭の中で雑音がする」と言うので、脳の血流を計ったところ、単に目を開けている時より読書している時に雑音が大きくなり、脳の血流と精神活動がリンクしていることがわかりました（Fulton 1928）[3]。このように、心と脳は何か関係がありそうだ、ということは昔から知られていましたが、実際に生きているヒトの心の動きと関連づけながら、脳をそのまま計って画像としてみられるようになったのは、一九七〇年代以降に技術が急速に発展し、さらにこれに心理学的な実験の手法が組み合わさってからのことでした。

(2) 医療用の画像技術がどんどん進歩

医療用の画像技術は、光や電磁波を使ってヒトの身体を「みえる化」したものです。みえる化したものには、構造と機能の二つがあります。構造は、主にX線画像診断学、機能は、核医学（とても少ない放射線を出す薬を使う分野）として、それぞれ発展してきました。X線画像診断学は、一八九五年、レントゲンによるX線の発見から始まりました（Roentgen 1895）[4]。そして核医学は、一八九六年、ベクレルが自然放射能を発見したことで始まりました（Becquerel 1896）[5]。X線撮影のことをレントゲンと呼んだり、放射能をあらわす単位をベクレル（Bq）と呼ぶのを、聞いたことがあるかもしれません。二つとも、発見者の名前にちなんだものです。さて、まず核医学を使った方法で、ヒトの脳の血流が計れるようになりました。脳の血流が増えると脳のなかのある場所にとどまる、という性質をもつ物質を計ることで、ヒトの体外から計測する方法です。このときに計る物質に、放射性同位元素と呼ばれるもので目印をつけるのですが、一九六〇年代は ^{133}Xe（キセノン）ガスで計測され、つづいて一九七二年にはCT（X線コンピュータ断層撮影

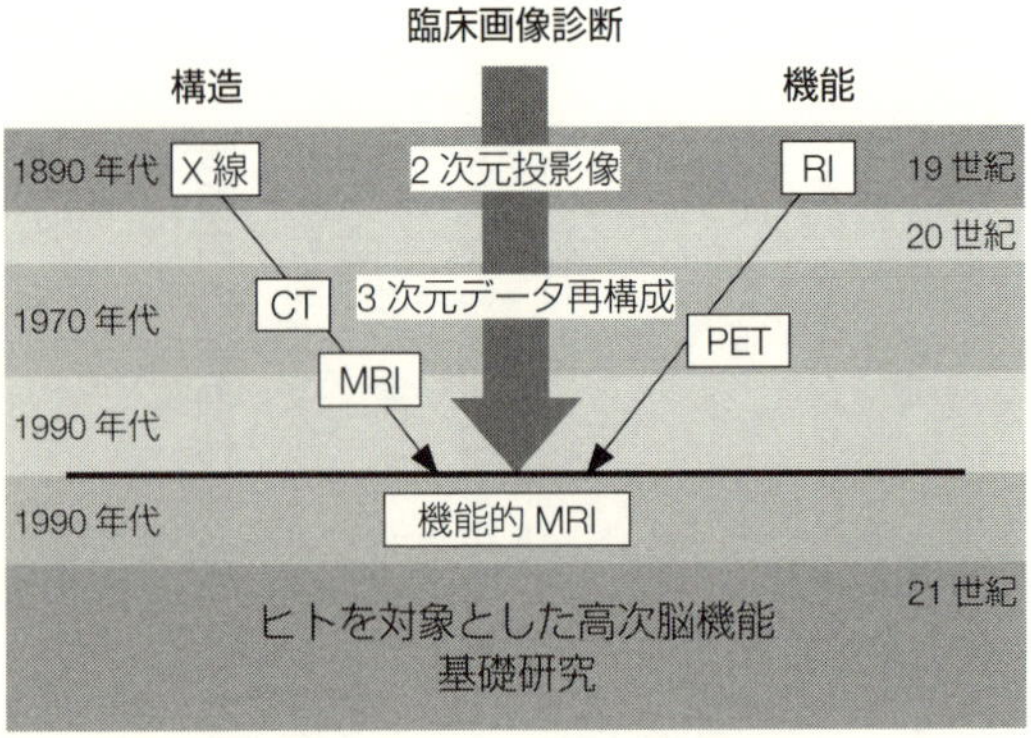

図 1　臨床画像診断から高次脳機能の基礎研究へ

法。ヒトの身体のなかを輪切りのように画像で撮ることができます）が発明され、脳の血流測定に取り入れられました。一九八〇年代には、ＰＥＴ（positron emission tomography：ポジトロン断層画像。ＣＴは組織の構造をみる技術ですが、こちらは生体の機能をみることができます）を使って脳の特定の場所での血流を量的に計れるようになりました（図1）。

波長の長いラジオ波を利用して、体内の情報を画像化する、ＭＲＩ（magnetic resonance imaging：磁気共鳴画像法）という方法もあります。水素原子の核磁気共鳴現象を使ったものです。ここで、核磁気共鳴（nuclear magnetic resonance：ＮＭＲ）ということばを、簡単に説明しておきましょう。興味のない人は、読み飛ばしてしまって構いません。すべての物質は多くの原子でできています。そして、原子は原子核と電子からなります。ＮＭＲはこの原子核の性質を利用した方法です。原子核は小さな磁石の性質をもっています。この磁石に磁場をかけると、安定な状態と不安定な状態の二つの状態ができ、この二つの状態のエネルギー差に対応する高周波の磁場を外から与えると、エネルギーの低い状態から高い状態へ変化します。これをNMRと呼ぶのです。NMRは主に化学の分野で発展してきましたが、一九七〇年代に入り、腫瘍《しゅよう》が悪性か良性かを判断するのに役立つことがわかりました。それではNMRから医用画像を作ってみよう、ということになり、先ほどのMRIが発明されました（Lauterbur 1973）(6)。

また専門的な話になりますが、体内にある水の水素原子は、均一な磁場がある場所におくと、特定の周波数のラジオ波を吸収（共鳴）し、放出（緩和）します。これがNMRです。この現象は磁場と平行にコイルを置くことで、だんだん弱くなっていく交流電流の信号として計ることができ、この信号に埋め込まれた位置情報を、まずCTの原理を用いて取り出します。ここで得られた画像をみると、水素原子の密度の違いがわかります。水素原子の密度の違いは、身体のなかのいろいろな組織の組成の違いをあらわしているので、撮影のしかたを変えることによって、さまざまな組織の違いをいろいろな観点でみることができるのです。

(3) MRIで心と脳をとらえる

MRIが臨床に応用されたばかりの頃は、脳を解剖学的に細かく画像でみる方法とみなされて

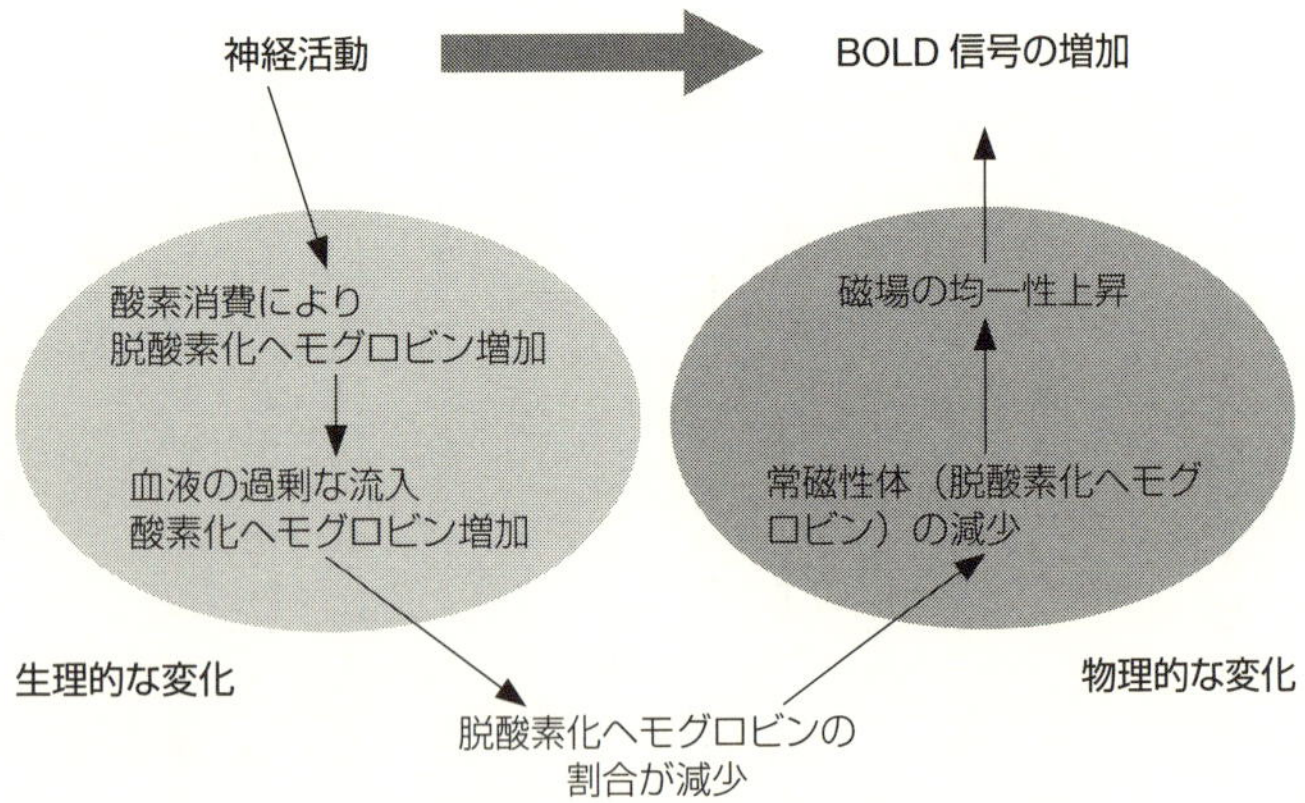

図 2　BOLD（blood oxygen level dependent）法の原理

きました。しかし、一九九〇年代に入ると、血中の酸素をそのまま造影剤（画像診断をわかりやすくするための薬）として使い、ある場所の脳の血流変化を画像化することができるようになりました。これは血液の酸素化のバランスがある場所で変化するときに生まれる、わずかな信号の変化をとらえる方法で、ＢＯＬＤ（blood oxygen level dependent）法と呼ばれています。

赤血球のなかで酸素と結合するタンパク質をヘモグロビンといい、酸素と結合した「酸化へモグロビン」と、結合していない「還元型ヘモグロビン」とがあります。酸化ヘモグロビンと還元型ヘモグロビンは、磁場においたときの性質が異なることが昔から知られています（Pauling and Coryel 1936）[7]。還元型ヘモグロビンが血管内にあるときは、血管のまわりの磁場に変化が起こり、この変化によってＢＯＬＤ信号は小さくなります。神経活動が活発なときには、脳の血流が増え、脳の組織が結合できる酸素量を上回る酸素が供給されるので、その場所では還元型へモグロビンが減少します。そして、ＢＯＬＤ信号は大きくなります（Ogawa et al. 1990）[8]（図２）。心理学で使われる課題に取り組んでいるときのＢＯＬＤ信号の変化をとらえ、脳のなかのどの部分がはたらいているかをつきとめる方法を、「機能的ＭＲＩ」と呼びます。機能的ＭＲＩはＭＲＩ装置そのものが高速化し、画像の統計処理の方法が発展したことで、二一世紀はじめから爆発的に普及し、今は認知科学の全般で重要な手法として広く受け入れられています。認知科学は、ヒトの心や意識などを情報処理の視点で研究する分野で、心理学や脳科学など、多くの分野と関連しています。

3　社会的な承認としての「ほめ」と報酬

「ほめ」は、そのヒトの成果・成績・属性などについて、他人にポジティブな評価をされること（Kanouse et al. 1981）[9]で、社会的な承認ととらえることができます。ヒトが無事に生きていくための条件は、次の三つとされています（表２、木村 2012）[10]。

(1) 心身が健康であること。
(2) 生きていくための資金があること。

表2　無事に生きていくための条件

(1) 心身が**健康**であること
(2) 食べていけるだけの**お金**があること
(3) まわりの人たちに受け入れられていること
—（**社会的承認**）

木村敏（2012）[10]

社会的な承認は人間の本質にかかわる

(3)　まわりの人たちに受け入れられていること。

もしあるヒトが、自分はこの三点が不可能になったと思い込んでしまったら、それぞれ、(1)は病気妄想、(2)は貧困妄想、(3)は罪責妄想、そしてそこから、うつ病へつながるおそれがあります。つまり、社会的な承認はヒトの本質にかかわるものと考えられるのです。

社会的な承認は、他人の利益のためにみずから行動すること（向社会行動）によって得られます。向社会行動は、血のつながりのないヒトとヒトとの間で役割分担したり共同したりするときに、重要な役割を果たすとされています。

「ヒトはお金の報酬とそれにかかるコストの比が最大になるように、理性的にふるまう」、という行動モデルは、ヒトの経済活動をよくあらわしています。さらにこうした他人の利益のための行動を説明するために、お金だけでなく社会的な承認も報酬になりうる、という考えでつくられたのが「社会交換理論」です。「社会交換理論」は、利他行動も社会報酬を最大にし、経済行動と同じように説明できるとしています。実際に、ヒトは他人からの良い評判・評価をもらえるこ

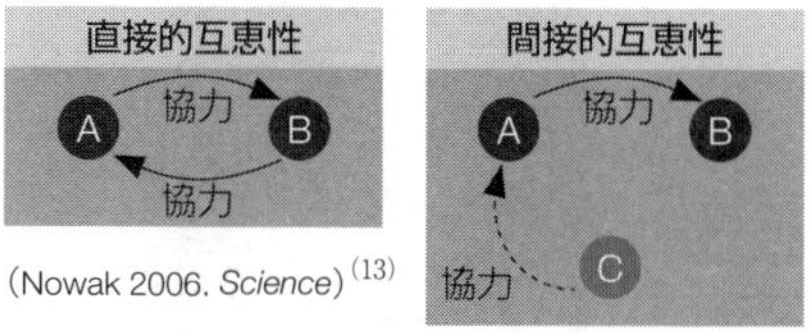

（Nowak 2006, *Science*）[13]

間接的互恵性で協力しあうには評判のシステムが必要（Nowak 2005, *Nature*）[12]
　―協力的な人にのみ協力する
良い評判という**“報酬”**が協力関係を成立させる
（Milinski et al. 2001[14]; Wedekind & Milinski 2000[15]）

図３　互恵性

とを予想して、向社会行動をすることが実験で明らかになりました（Bateson et al. 2006）[11]。

　血のつながりがなく、直接のお返しも期待できない他人に利益を与える行為が、どうして進化しうるのでしょうか？「ヒト特有の利他性の進化」についての理論的な研究では、「間接的互恵性」という概念を使って説明しています。互恵性は互いに助けあうことです。つまり、ＡがＢを助けることで、まったく関係のないＣがＡを助ける、というような間接的互恵性にもとづいて、互いに協力しあう関係を生成・強化し（Nowak and Sigmund 2005[12]; Nowak 2006[13]; Milinski et al. 2001[14]）、それによって社会を形成してきた、ということです（図３）。

　こうしてみると、良い評価としての「ほめ」が報酬として脳のなかで処理されているのではないか、と思えてきます。そこで、ある仮説をたてて、機能的ＭＲＩを使った実験をしてみました。「他人から良い評価をされると、お金をもらっ

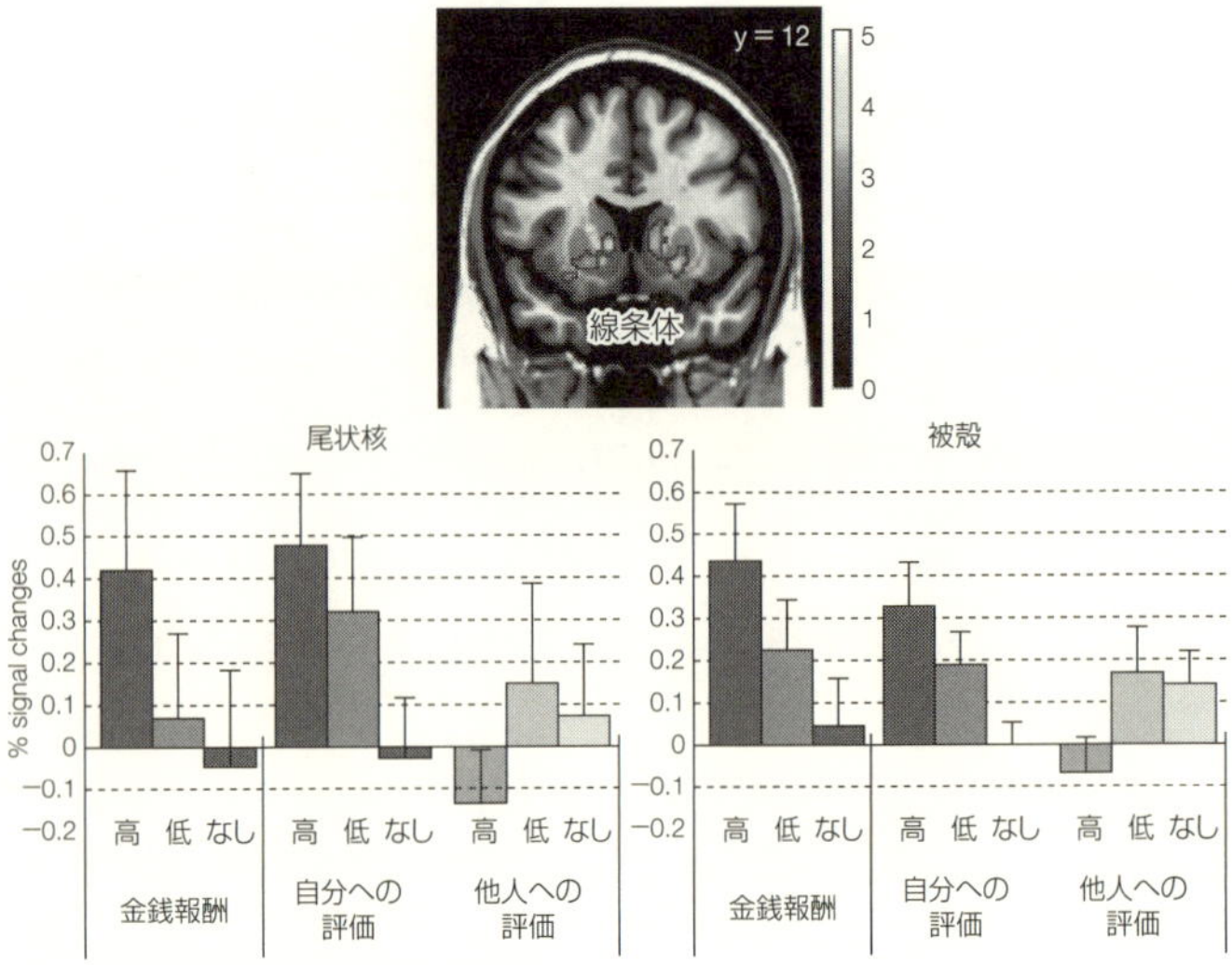

図4　ほめによる報酬系の賦活

金銭報酬と自分への良い評価は、同じ脳の部分（線条体）で、同じ活動パターンを示した

た（金銭報酬）ときと同じような脳のなかの報酬系という部分がはたらく」という仮説です。

実験をしてみると、被験者（実験の対象となるヒト）に他人からの良い評価と金銭報酬を与えたとき、どちらも脳の報酬系がはたらきました（図4）（Izuma et al. 2008）[16]。具体的には、線条体という部分が活性化しました。さらに、他人からの良い評価は、寄付という利他行為につながったり、そのときに線条体の活動が増加することがわかりました。被験者に機能的MRI装置のなかで「寄付するか、しないか」をたずね、そのときにその選択が他人からみられているかどうかも操作しました。すると、「他人からみ

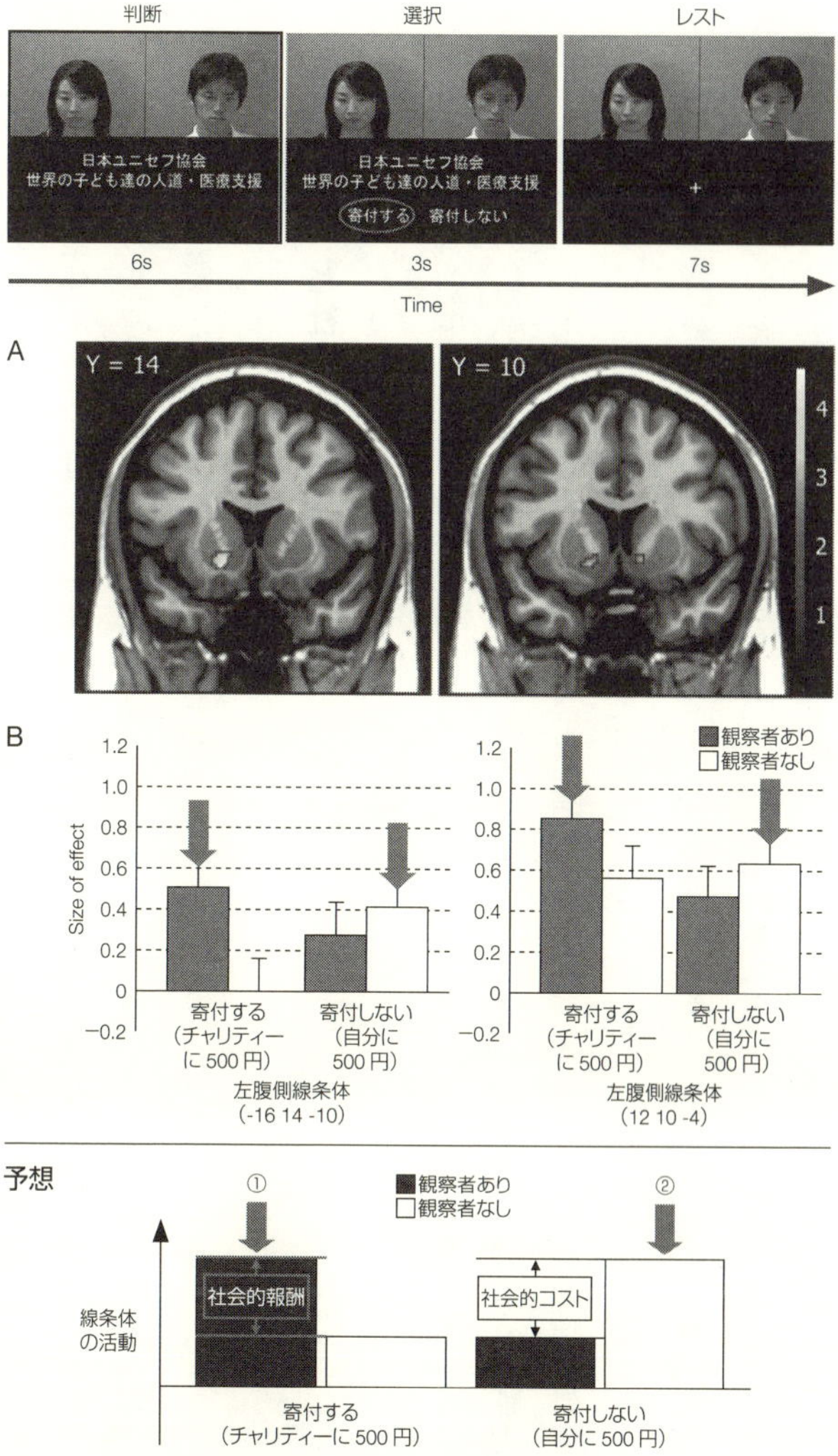

図5　利他行為（寄付）の意思決定時の脳活動

られているときに寄付する」（高い社会的な報酬を期待している）場合と、「他人がみていないときに、寄付せずお金を自分のものにする」（社会的コストなしで金銭報酬の獲得を期待している）場合に、とくに線条体が活発にはたらきました（図5）。つまり、線条体においてはいろいろな報酬が「脳のなかの共通の通貨」として処理されていて、日常の社会生活のなかで意思決定するときに、線条体が重要な役割を果たしていることがわかったのです（Izuma et al. 2010）[17]。

4 「ほめ」と社会能力の関係

一方で、金銭報酬と社会報酬（評価）には違いがあります。自分自身の評価を理解するためには、他人の心の状態を考えなければなりません（Amodio & Frith 2006）[18]。このような能力のことを「心の理論」と呼び、他人の性質や意図を正確にとらえる（認知する）ための情報処理の過程（Brothers 1990）[24]として、社会能力の大切な機能とされています。「行為を予測すること」も、意図の認知です。行為の前に、行為を引き起こす心的過程（Searle 1983）[25]として、意図には二種類があるとされています。行為そのものともいえる行為内意図と、行為の前の事前意図です。前者は行為と同時に、後者は行為の前なので「事前」です。

行為内意図を理解するための脳の活動（神経基盤）としては、シミュレーション（行為模擬）

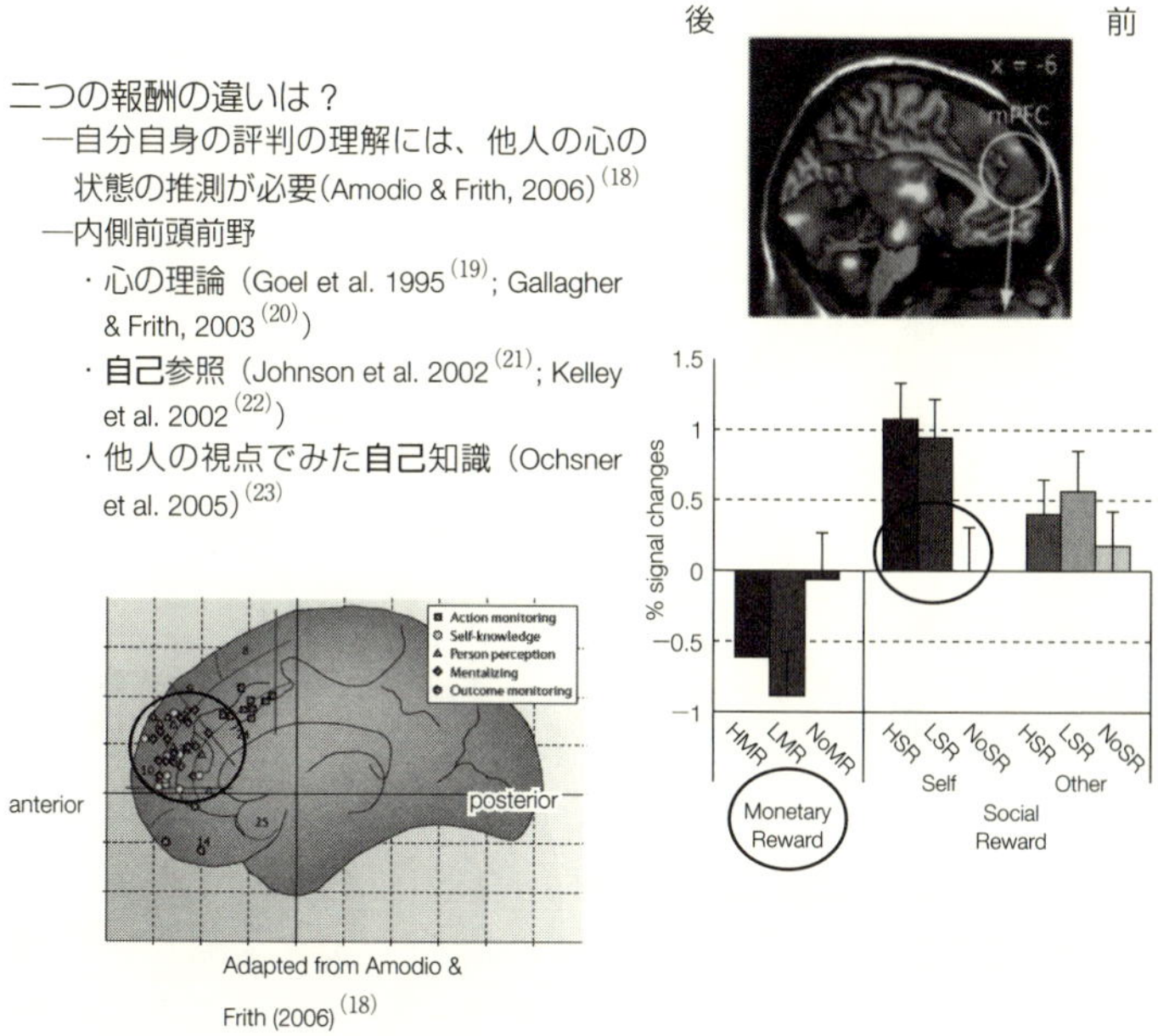

図6　社会報酬と金銭報酬の違い

に関連するミラーニューロン・システム（mirror neuron system）があります（Sasaki et al. 2012）[26]。ミラーニューロンは、他人が行動するのをみていても、まるで自分が同じ行動をとっているかのように「鏡」のような反応をする神経細胞です。一方、事前意図についてはいくつもありうる（motor equivalence）ので、その行為を予測するためには、行為者の行動の特性（trait）と文脈（context）についての、理解や知識が必要になってきます。文脈を理解するさいに、「語用論」が使われることがあります。語用論とは、社会的な文脈のなかでことばを使うことで、比喩や皮肉などがあります。文字どおりでない（non-literal）ことばの使用が特徴で、その理解には話しているヒトの（事前）意図を正確に認知しなければなりません。語用論に共通して関連する脳の部分は、内側前頭前野とされています（Uchiyama et al. 2012）[27]。この部分は、ほめられたときには活動するのに金銭報酬を得たときには活動しません（図6）（Izuma et al. 2008）[16]。これらのことから、他人からみた自分の評価は、内側前頭前野にあらわれ、さらに線条体により社会報酬として「価値」づけられるのではないか、と考えられます。つまり、社会的報酬には、線条体を含む報酬系と、心の理論の神経基盤の相互作用が関与していることがわかりました。

5 「ほめ」と、他人とのかかわり

最初に定義したように、「ほめ」は他人から与えられるポジティブな評価ですので、他人とかかわることが前提です。ヒトは承認されるか拒絶されるかを考える以前に、他人とのかかわりを求めます。他人とのかかわりを失ってしまうと、喫煙や肥満と同じくらい健康への悪影響が大きいという報告もあるのです（Holt-Lunstad et al. 2010）[28]。なぜ、ヒトは他人とのかかわりを求めるのでしょうか。一つの答えとして、「他人とかかわること自体が、線条体を活発化させる」という報告を紹介しましょう（Kawamichi et al. 2016）[29]。

この実験で、協力者は自分以外の四人の参加者といっしょにコンピュータ上でキャッチボールのゲームをし、その間の機能的MRIを計りました。このゲームでは、自分にボールが回ってきた回数が多ければ多いほど、他の参加者とのかかわりが多いことを意味します。協力者はボールが回ってきたら、すぐに残りの四人の誰かにボールを回しますが、協力者以外の参加者はじつはコンピュータなので、協力者にボールが回る回数は実験的に操作することができます。ある程度キャッチボールをしたあとで、参加者に多くのボールが集まるように操作してみました。その結果、自分に多くボールが集まる方が「うれしい」と感じ、線条体の活動も大きくなることがわかりました。つまり、他人とかかわること自体がヒトにとって報酬であり、だから他人とのかかわりを求めるのだ、と考えることができます。

また、逆の実験も行われています。途中から自分にまったくボールが回ってこなくなると、協力者は心理的な苦痛を感じ、そのとき脳のなかの前部帯状回という部分と島皮質前部という部分が活動することが報告されています（Eisenberger et al. 2003）[30]。この二つは、電気刺激などの物理的な苦痛を感じる場合に活動する部分です（Eisenberger 2012）[31]。

これらのことから、他人とかかわることはそれ自体がヒトにとって大切で、かかわりが多いことはポジティブな感情を、かかわりが少ないことは心理的な苦痛を引き起こすことがわかりました。また、他人とのかかわりが多いかどうかは、金銭報酬や身体的な苦痛と同じ神経基盤で処理されていたのです。

6 「ほめ」の教育効果

ほめて育てることの目的は、「内在性動機づけ」を促進して、創造性や生涯学習を強化することです（Henderlong and Lepper 2002）[32]。内在性動機づけとは、行為そのものの喜びや楽しみに惹かれて行為することで、これに対して外発的動機づけとは、外からの圧力や強制で行為することです（Henderlong and Lepper 2002）[32]。内在性動機づけの特徴として、次の三つがあげられています（表3）（Deci and Ryan 1985）[33]。

(1) 行動決定における自律性。

(2) 強みを発達させる経験としての、レベルの高い挑戦とそれに見合う技術。

(3) 活動することで自分の潜在能力を引き出し、個人的に重要なゴールに向けて進んだ、という自己実現の感覚。

表3　内在性動機づけの特徴

・行動決定における**自律性**
・高レベルの**挑戦**とそれに見合う技術 強みを発達させる経験（Deci and Ryan 1985）[33]
・**自己実現** 活動により、自分の潜在能力を引き出し、個人的に重要なゴールに向けて進んだという感覚

内在的に動機づけられた行為では、本人の状態として次の四つの特徴があげられています。

(1) 楽しんでいる (Deci and Ryan 1985[33])。

(2) 興味をもっている (Deci and Ryan 1985[33])。

(3) 自己表現の感覚がある (Waterman 1990[34])。

(4) 目標が明確で、すぐにフィードバックがあり、技能と挑戦のバランスがとれている活動をしているときは集中して、時間がたつのを忘れたり、自我の感覚がなくなり、行動をコントロールできている感覚と、世界との一体感を得るような「フロー」体験 (Csikszentmihalyi 1975, 1990[35]) がある。

さらに内在性動機づけは「幸せ」の予測因子でもあります (Waterman et al. 2008[36])。

7 「ほめ」の使い方

それでは、教育の目的である内在性動機づけを促進するために、「ほめ」はどのように使われているのでしょうか。「ほめ」が教育にどう役立つか、いろいろな議論がなされています (Henderlong and Lepper 2002[32])。

(1) 誠実さ

「ほめ」るためには、相手の心を読まねばならず、ほめ手と受け手の関係が大きく影響します。（相手が）助けてくれる、という信頼があれば、相手の「ほめ」はそのまま受け取られます。信頼を得るには誠実さが必要であり、誠実な言語コミュニケーションとは以下のようなものがあります（Grice 1980）[37]。

・言語コミュニケーションの意図として、害を与えずに助けるという向社会行動が前提にあること。

・情報については、状況に応じた適切な情報を、偽りなく必要な量だけ曖昧さを避けて提供すること。

・その礼儀として、相手に押しつけずに、選択肢を与え、さらに友好的であること。

(2) 成功の原因

能力は自分で制御することはできず、失敗を恐れることはだれにでもあります。その一方で、努力は自分で制御できるので、みずから行動することで状況がよくなることがあります。自己制御という視点からは、能力をほめる（よくできるね）よりも努力をほめる（よく頑張ったね）が適切だとされています。

(3) 自律性

行為を決めるとき、内在性動機づけでは自律性が大切です。相手の自律性が「ほめ」の根拠であることを明確にしなければなりません。ここで注目すべきは、行為を決めるときの動機がどこからくるかです。外からの報酬に頼ってしまうと、内在性動機を損なってしまうことが知られています（Murayama et al. 2010）[38]。「ほめ」も外からの報酬であることに注意する必要があります。

(4) 能力と自己効力感

しかし、能力を強めるフィードバックとして「ほめ」が機能すると、自分への信頼感（自己効力感）を増し、内在性動機を強めます。

以上をまとめると、相手に信頼されていることを前提として、努力と自律性を「ほめ」の根拠であることを明確にし、パフォーマンスを強める具体的フィードバックを与えることで、内在性動機づけを促進することができる、といえます。

8 「ほめ」の学習定着効果

スポーツのコーチが「ほめること」で、内在性動機づけが起こり、パフォーマンスが強くなる効果があるとされてきました。しかし、運動学習には、①練習による獲得と、②その後の定着、の二つの段階が想定されていて（Robertson et al. 2004）[39]、②のその後の定着で「ほめ」がどう役立つのかはわかっていませんでした。筆者たちは、ピアノやタイピングで指を打つ動き（系列手指打鍵運動：sequential finger tapping）の学習定着で、「ほめ」の効果を検証してみました（Sugawara et al. 2012）[40]。

参加者は系列手指打鍵運動（Walker et al. 2002）[41]を練習したあと、成績ごとに次の三つのグループに分けられました。

①自己称賛群：参加者自身の成績について称賛される映像を観察するグループ。
②他者称賛群：①の自己称賛群と同じ映像を、別の参加者の成績に対するものとして観察するグループ。
③非称賛群：参加者自身の成績が称賛されないグループ。

翌日にもういちど実験室を訪れた参加者たちは、前日学習した運動を再度行うように言われま

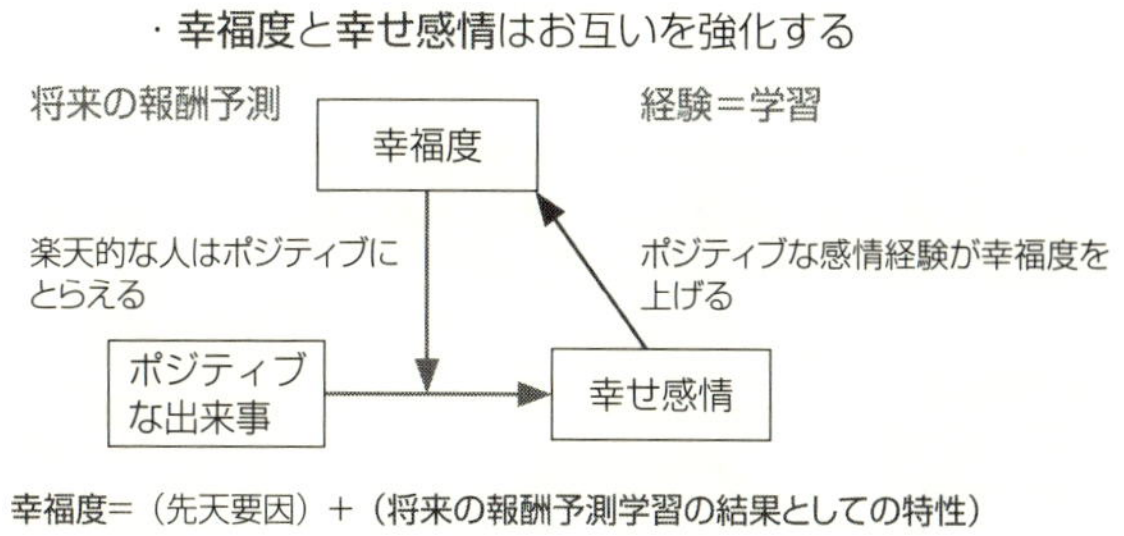

図7　幸せの2側面

した。結果として、①自己称賛群の成績が、他の二群に比べて明らかによくなりました。一方で、新しい運動をしてみると、三群とも成績は変わりませんでした。

　これらの結果から、「ほめられること」によって、運動技能の定着が促進されるのではないかと考えられます（Sugawara et al. 2012）[40]。

9　幸せの神経基盤

「幸せ」が内在性動機づけによって強くなるかもしれない、と先ほど書きました。昔から、幸せについての哲学的な議論はたくさんありますが、最近、社会心理学的な手法と脳機能イメージングを合わせたアプローチが出てきました。幸福感には、自分は幸せであるという持続的なポジティブな評価（持続的な幸せ）と、ポジティブな出来事があったときに発生する一時的なポジティブな感情（一時的な幸せ）という二つがあり、これらはお互いを強

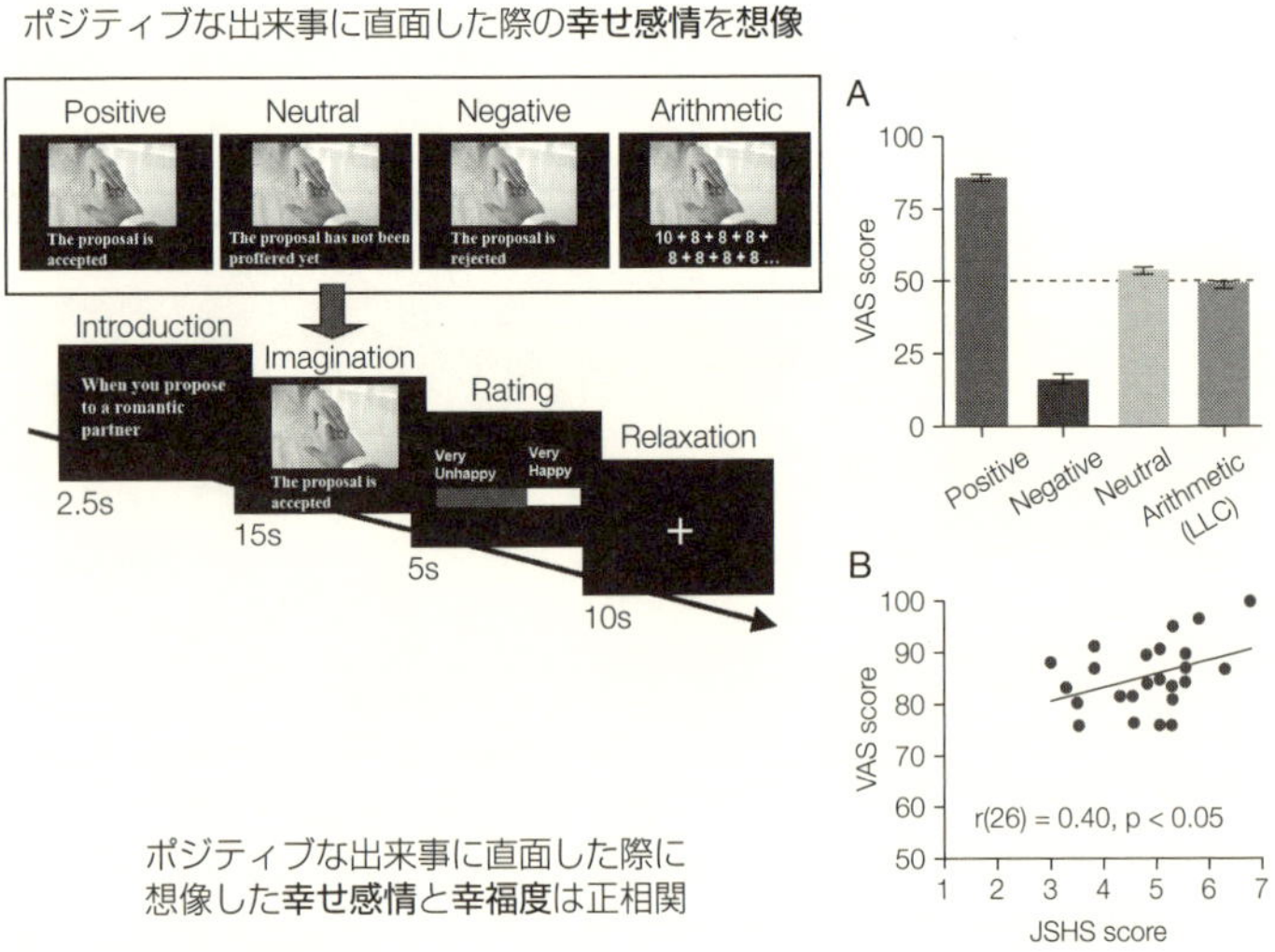

図8　幸せ感情実験

化しあう関係があることが知られています（図7）。

筆者たちの研究グループは、MRIを使って、脳の構造的な解析と機能的な解析を組み合わせることで、これまでにない見方で脳と幸せとの関連を明らかにしようと考えました（Matsunaga et al. 2016）[42]。MRI実験では、実験参加者にポジティブな出来事（好きな人に告白してOKをもらったなど）、ネガティブな出来事（好きな人に告白してフラれたなど）、感情的にニュートラルな出来事などをMRIのなかに入って想像してもらいました。ポジティブな出来事を想像しているときにとくに強く活動し、幸福感を引き起こす程度と関連して活性化する脳の部分があるかどうか、参加者の幸福

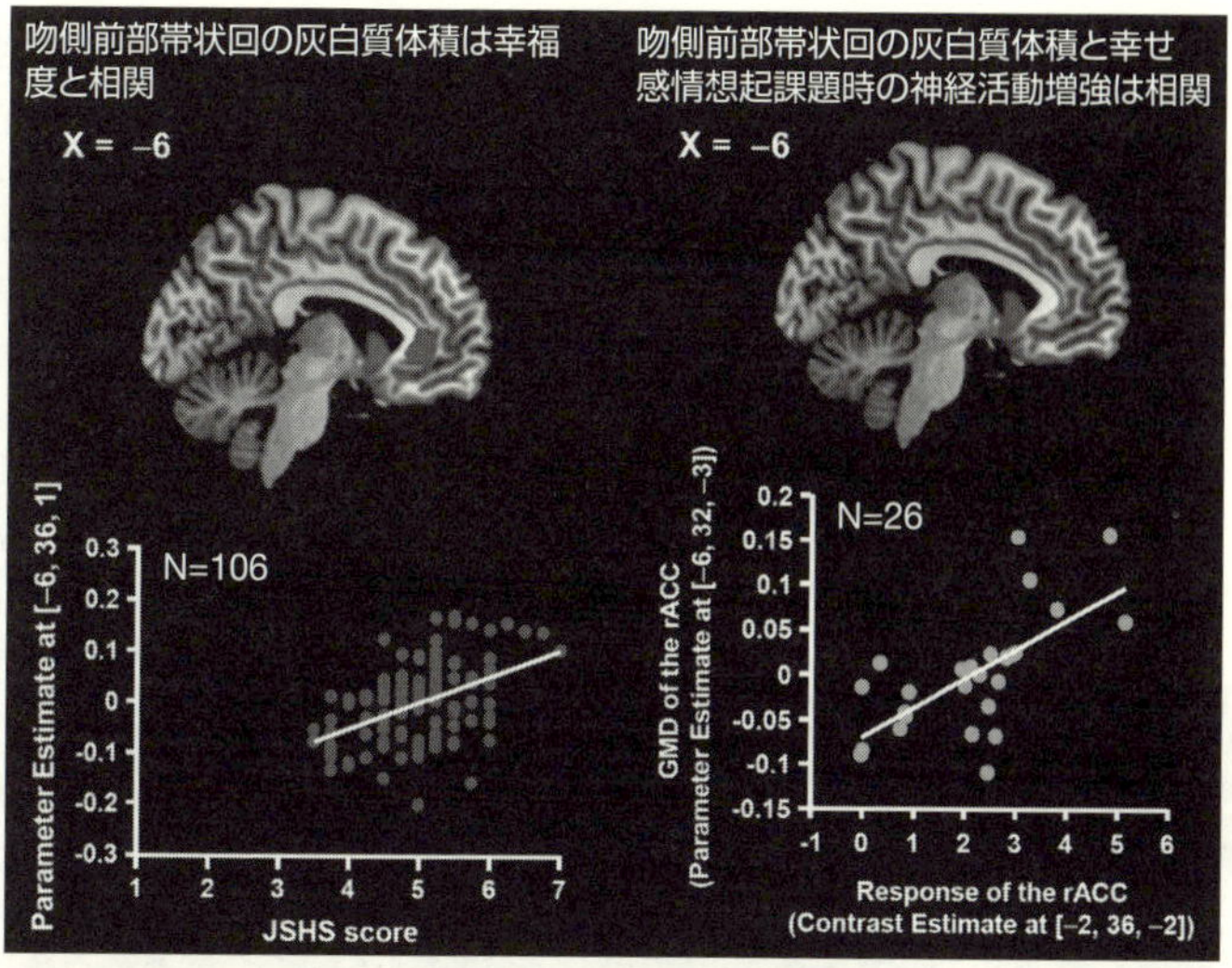

図９　吻側前部帯状回と幸福度、幸せ感情との関係

度に対応して構造が変化する脳の部分があるかどうか、などを調べました（図８）。

実験の結果、幸福度が高い人（自分は幸せであると強く感じている人）ほど、内側前頭前野という部分のなかの吻側前部帯状回と呼ばれる脳領域の体積が大きいこと、ポジティブな出来事を想像しているときに感じる幸せ感情の程度が高い人ほど、この吻側前部帯状回の活動が大きいこと（図９）、さらにポジティブな出来事を想像しているときの吻側前部帯状回の活動はその場所の体積と相関していることなどがわかりました（図10）。このことは、幸福度が高い人ほど、ポジティブな出来事に直面したときに幸せ感情を感じやすいことを意味していて、その生理学的な基盤が吻側前部

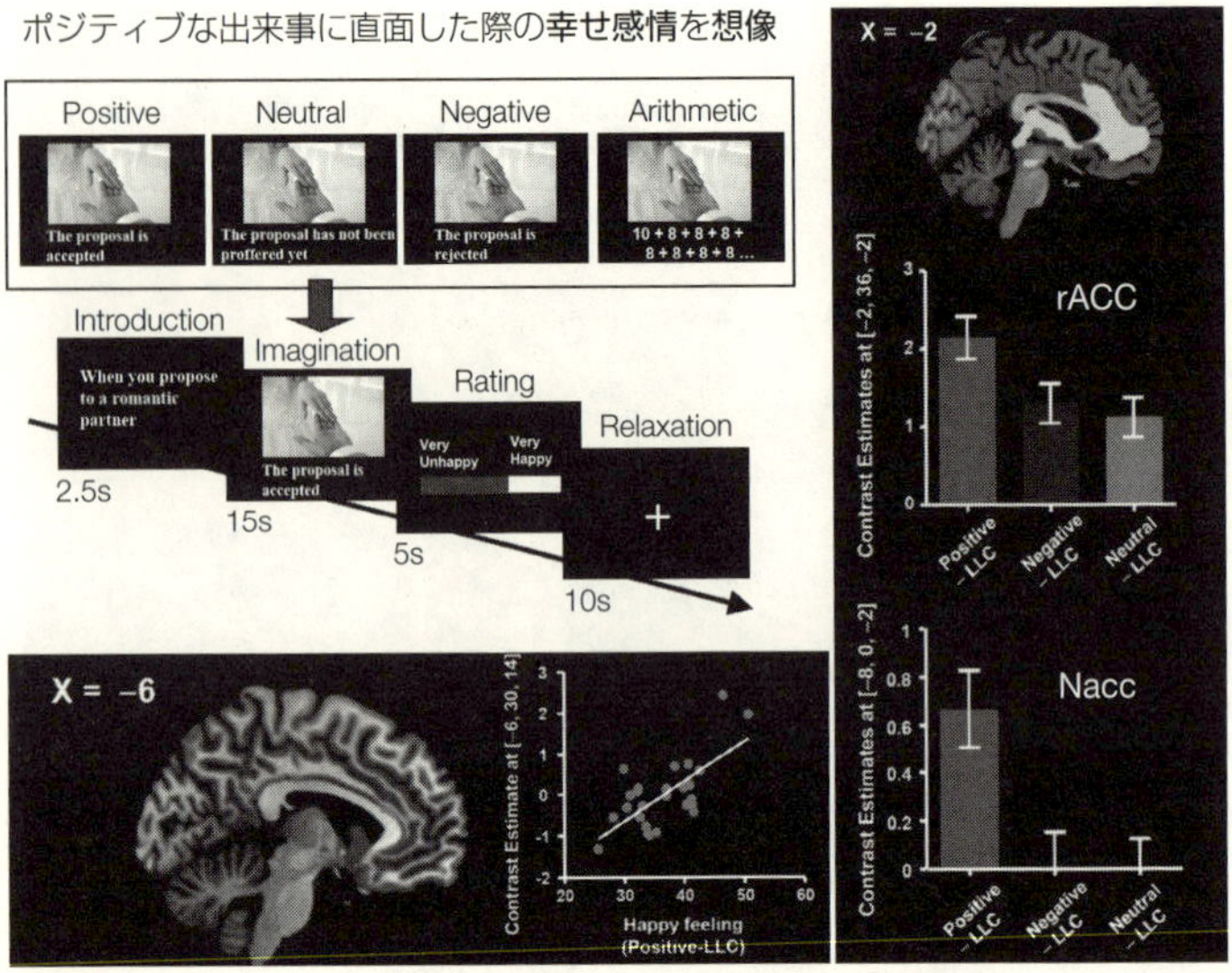

図 10　ポジティブな出来事に直面した際の幸せ感情を想像

帯状回の構造と機能との関連で説明できることをあらわしています。

つまり、幸せの二つの側面が同じ神経基盤（吻側前部帯状回）をもち、持続的な幸せはその体積に、一時的な幸せはポジティブな出来事を想像しているときの神経活動に関係していることがわかりました。最近の研究で、脳は筋肉と同じように、鍛えれば鍛えるほど特定の脳領域の体積が大きくなることがわかっています（Zatorre et al. 2012）[43]。今回の結果は、楽しい過去の記憶を思い出したり、明るい未来を想像したりするトレーニングによって、持続的な幸せが強まる可能性を示したといえます。内在性動機づけとどのような関係にあるかなど、トレーニング効果の実験的な検証が待たれるところです。

10　まとめ

ここまで、社会的な承認である「ほめ」は、基本的報酬や金銭報酬と同じ神経基盤をもち、心の理論で向社会行動を促進するとともに、学習の機会を増加させたり、結果の定着に関係することを紹介し、「ほめ」を使うときの注意点を含めて説明してきました。現代社会の問題の多くは、ヒトの心や社会的行動に関係があります。その解明をめざして、ヒトやモデル動物を使った脳の研究がはじまっています。科学技術の急速な発展によって、情報化、少子化、高齢化などが起こり、生活環境や社会環境が劇的に変化するなかで、ヒトが本来もっている能力や個性を適切に発揮するための研究が必要です。ヒトの社会性について、その物質レベルから個体、集団行動レベルまでのトータルな理解をめざし、人文科学、認知科学、神経科学、医学、工学、進化生物学、霊長類学からコンピュータ科学にいたるまで、広く真に学際的な研究を推進していかなければなりません。

文献

（1）Mosso A（1881）*Ueber den Kreislauf des Blutes in Menschlichen Gehirn*. Leipzig: Verlag von Veit & Company.

（2）Roy CS, Sherrington CS（1890）On the regulation of the blood supply of the brain. *J Physiol* 11: 85-108.

（3）Fulton JF（1928）Observations upon the vascularity of the human occipital lobe during visual activity. *Brain* 51: 310-320.

（4）Roentgen WC（1895）Uber eine neue Art von Strahlen. *Sitzungsber Phys Med Ges Wurtzbg*. 132-141.

（5）Becquerel H（1896）Emission de Radiations Nouvelles par l, *Uranium Metallique*. *Compt Ren* 122: 1086.

（6）Lauterbur PC（1973）Image formation by induced local interaction: examples employing nuclear magnetic resonance. *Nature* 243: 190-191.

（7）Pauling L, Coryell C（1936）The magnetic properties of and structure of hemoglobin, oxyhemoglobin and carbonmonoxyhemoglobin. *Proc Natl Acad Sci U S A* 22: 210-216.

（8）Ogawa S, Lee TM, Kay AR, Tank DW（1990）Brain magnetic resonance imaging with contrast dependent on blood oxygenation. *Proc Natl Acad Sci U S A* 87: 9868-9872.

（9）Kanouse DE, Gumpert P, Canavan-Gumpert D（1981）The semantics of praise. In: Harvey JH, Ickes W, Kidd RF（eds）*New direstions in attribution research*, pp 97-115. Hillsdale, NJ: Eribaum.

（10）木村敏（二〇一二）『臨床哲学講義』創元社。

（11）Bateson M, Nettle D, Roberts G（2006）Cues of being watched enhance cooperation in a real-world setting. *Biol Lett* 2: 412-414.

（12）Nowak MA, Sigmund K（2005）Evolution of indirect reciprocity. *Nature* 437: 1291-1298.

(13) Nowak MA (2006) Five rules for the evolution of cooperation. *Science* 314: 1560-1563.

(14) Milinski M, Semmann D, Bekker TCM, Krambeck H-J (2001) Cooperation through indirect reciprocity: image scoring or standing strategy? *Proc R Soc L B* 268: 2495-2501.

(15) Wedekind C, Milinski M (2000) Cooperation through image scoring in humans. *Science* (New York, NY) 288: 850-852.

(16) Izuma K, Saito DN, Sadato N (2008) Processing of social and monetary rewards in the human striatum. *Neuron* 58: 284-294.

(17) Izuma K, Saito DN, Sadato N (2010) Processing of the incentive for social approval in the ventral striatum during charitable donation. *J Cogn Neurosci* 22: 621-631.

(18) Amodio DM, Frith CD (2006) Meeting of minds: the medial frontal cortex and social cognition. *Nat Rev Neurosci* 7: 268-277.

(19) Goel V, Grafman J, Sadato N, Hallett M (1995) Modeling other minds. *Neuroreport* 6: 1741-1746.

(20) Gallagher HL, Frith CD (2003) Functional imaging of 'theory of mind. *Trends Cogn Sci* 7: 77-83.

(21) Johnson SC (2002) Neural correlates of self-reflection. *Brain* 125: 1808-1814.

(22) Kelley WT, Macrae CN, Wyland C, Caglar S, Inati S, Heatherton TF (2002) Finding the self? An event related fMRI study. *J Cogn Neurosci* 14: 779-789.

(23) Ochsner KN, Beer JS, Robertson ER, Cooper JC, Gabrieli JDE, Kihsltrom JF, Esposito MD (2005) The neural correlates of direct and reflected self-knowledge. *Neuroimage* 28: 797-814.

(24) Brothers L (1990) The social brain: a project for integrating primate behaviour and neurophysiology in a new domain. *Concepts in Neurosci* 1: 27-151.

(25) Searle JR (1983) *Intentionality. An essay in the philosophy of mind*. Cambridge: Cambridge University Press.

(26) Sasaki TA, Kochiyama T, Sugiura M, Tanabe HC, Sadato N (2012) Neural networks for action representation: a functional magnetic-resonance imaging and dynamic causal modeling study. *Front Hum Neurosci* 6: 236.

(27) Uchiyama HT, Saito DN, Tanabe HC, Haradas T, Seki A, Ohno K, Koeda T, Sadato N (2012) Distinction between the literal and intended meanings of sentences: a functional magnetic resonance imaging study of metaphor and sarcasm. *Cortex* 48: 563-583.

(28) Holt-Lunstad J, Smith TB, Layton JB (2010) Social relationships and mortality risk: A meta-analytic review. *PLoS Med* 7: e1000316.

(29) Kawamichi H, Sugawara SK, Hamano YH, Makita K, Kochiyama T, Sadato N (2016) Increased frequency of social interaction is associated with enjoyment enhancement and reward system activation. *Sci Rep* 6: 24561.

(30) Eisenberger NI, Lieberman MD, Williams KD (2003) Does rejection hurt? an fMRI study of social exclusion. *Science* 302: 290-292.

(31) Eisenberger NI (2012) The pain of social disconnection: examining the shared neural underpinnings of physical and social pain. *Nat Rev Neurosci* 13: 421-434.

(32) Henderlong J, Lepper MR (2002) The effects of praise on children's intrinsic motivation: a Review and Synthesis. *Psychol Bull bull* 128: 774-795.

(33) Deci EL, Ryan RM (1985) Education. In: *Intrinsic motivation and self-determination in human behavior*, New York: Plenum Press, pp.245-271.

(34) Waterman AS (1990) Personal expressiveness: Philosophical and psychological foundations. *Journal of Mind*

and Behavior 11: 47-74.

(35) Csikszentmihalyi M (1975) *Beyond Boredom and Anxiety*. Jossey-Bass, San Francisco; Csikszentmihalyi M (1990) *Flow: The Psychology of Optimal Experience*. Harper & Row, New York.

(36) Waterman AS, Schwartz SJ, Conti R (2008) The implications of two conceptions of happiness (hedonic enjoyment and eudaimonia) for the understanding of intrinsic motivation. *J Happiness Stud* 9: 41-79.

(37) Grice HP (1980) *Studies in the Way of Words*. Cambridge, MA: Harvard University Press.

(38) Murayama K, Matsumoto M, Izuma K, Matsumoto K (2010a) Neural basis of the undermining effect of monetary reward on intrinsic motivation. *Proc Natl Acad Sci U S A* 107: 20911-20916.

(39) Robertson EM, Pascual-leone A, Miall RC (2004) Current concepts in procedural consolidation. *Nat Rev Neurosci* 5: 1-7.

(40) Sugawara SK, Tanaka S, Okazaki S, Watanabe K, Sadato N (2012) Social Rewards Enhance Offline Improvements in Motor Skill. *PLoS One* 7.

(41) Walker MP, Brakefield T, Morgan A, Hobson JA, Stickgold R (2002) Practice with sleep makes perfect: sleep-dependent motor skill learning. *Neuron* 35: 205-211.

(42) Matsunaga M, Kawamichi H, Koike T, Yoshihara K, Yoshida Y, Takahashi HK, Nakagawa E, Sadato N (2016) Structural and functional associations of the rostral anterior cingulate cortex with subjective happiness. *Neuroimage* 134: 132-141.

(43) Zatorre RJ, Fields RD, Johansen-Berg H (2012) Plasticity in gray and white: Neuroimaging changes in brain structure during earning. *Nat Neurosci* 15: 528-536.

第3部

進化と発達は語る

第4章

ふたごが語る生命のふしぎ

――人間・遺伝・進化

安藤寿康

私は文学部生まれ、文学部育ちです。これから述べるように、遺伝、脳、アフリカなど、少し文学部離れしたことをしていますが、もともとは能力の獲得の問題として昔から問われる「遺伝か環境か」ということに関心をもち、その方法論として行動遺伝学という学問が使う双生児研究を大学院の頃からずっとやってきました。

教育を科学的に扱っていくことに基本的な関心があり、その方法論として遺伝というキーワードを使っていました。「遺伝」というのは、生物を駆動している車輪の両輪の片側です。遺伝ともう一つ重要なポイントが「進化」です。人間は生物の一員であり、進化は遺伝子（ＤＮＡ）を、どんな動物も植物もあまねくもっているという、生命観の一つの表れです。

その進化という生物の基本的な現象の中で教育をとらえたいというアイデアが、ここ一〇年ほど醸成されてきて、最近かなり暴走しています。今回の話も暴走ぎみですが、私にとってみれば、何でこんな当たり前なことをみな、いわないんだと思います。

関連して、これはもともと安梅先生の、「アフリカは面白いわよ。シャーマンが面白い」という話からインスピレーションを受けたものですが、教育がまったくないといわれているアフリカの話もします。また、人の進化の隣人といわれているチンパンジーの観察でもインスピレーションを受けていることも話します。


これから話すことは、最後に力をもらって幸せな気分になれることを期待していると、それを裏切るかたちになるかもしれません。まず、能力には、私たちが普段いわれている以上に遺伝の影響があります。ですから生まれつき能力に恵まれていない人もいます。しかし、生まれつき能力に恵まれた人と同じ社会で生きていることに目を向けたときに、教育とは本当は何をすることなのか、考え直す必要があるという話をします。

教育とは、基本的に能力を高めるものです。人間の成長、あるいは遺伝的な素質の開花。開花というと、私たちは基本的に隠れていた素晴らしいものが花開くことを想像しますが、うまくいかなかったときには、全部教育が失敗した、あるいはあなたが努力しなかった、というように、教育の失敗が教師や本人の努力不足に帰せられかねないロジックだと思います。そこで、本当に子どもたちのためになっているのだろうかということを考えていきたいと思います。

1 行動遺伝学の基本——双生児法

人間は、ネズミやショウジョウバエと違って、遺伝子そのものを操作することはできません。その中で、遺伝の影響が、体、形、病気だけではなくて、行動や心理的な側面にもあることを示すことができる唯一の方法だったのが、双生児（ふたご）の研究法です。

ロジックはとても簡単です。

ふたごには、一卵性と二卵性の二種類があります。一卵性は、一つの受精卵が二つに分かれて二人の独立した人間になったものです。遺伝的な素材は同じですから、基本的にはそっくり同じになります。つまり、遺伝子が一〇〇％同じ存在になります。一方、二卵性双生児は、お母さんがたまたま同時に排卵した二つの卵に二つの精子が同時に受精したもので、一般的には、ふたご社会の多くの人は、それが一回ずつ出てきますが、同時に生れたきょうだいと同じです。

ちなみに、ふたごだという人は、一〇〇人で二人はいるはずです。ふたごの出生率というのは、大体千出産のうち一〇、一〇〇回のうち一回ぐらいですから、一〇〇出産のうち二人いるわけで、五〇人に一人ということです。自分の友だちや知り合いにふたごがいるという人になると、ほぼ全員になります。そのぐらいの頻度でふたごはいます。

同じふたごという名前がついていますが、二卵性双生児では普通のきょうだいと同じ程度によく似ているふたごもいるし、同じ親から生まれたとは思えないぐらい違うふたごもいます。ですから、きょうだいと同じで、男女のふたごもいます。一卵性では、基本的に、顔、体、行動パターンも非常によく似ているし、男男、女女の同性になります。

とくに注目してほしいのが、遺伝子の共有率です。一卵性は一〇〇％一致ですが、二卵性は五〇％の一致になります。

一方、育った環境というと、同じお母さんの同じ子宮の中で育ちます。厳密にいうと、胎盤が一つの場合と二つの場合がありますから微妙に違いがあって、たくさんの統計を集めた場合には、子どもの頃に少し影響がみられますが、あまり大きくないということが示されていますし、大人になるとほとんど影響がありません。基本的には、一卵性も二卵性も、環境の与えられ方は同じと考えられます。そうなると、遺伝の影響は一〇〇％と五〇％、「二対一」で二倍違うけれど、環境は同じということで、このような遺伝的な関係のある人たちに対して、例えば、身長、体重、パーソナリティーや知能や学力、収入、貯蓄まで、とにかくたくさんのふたごの人たちを集めてきて、どんなものでも一卵性のほうが二卵性よりも似ていたら、その違いは遺伝子の違いからくると結論づけることができます。

そのようにして、一卵性と二卵性の類似性を比較します。一卵性のほうが大きければ、遺伝の

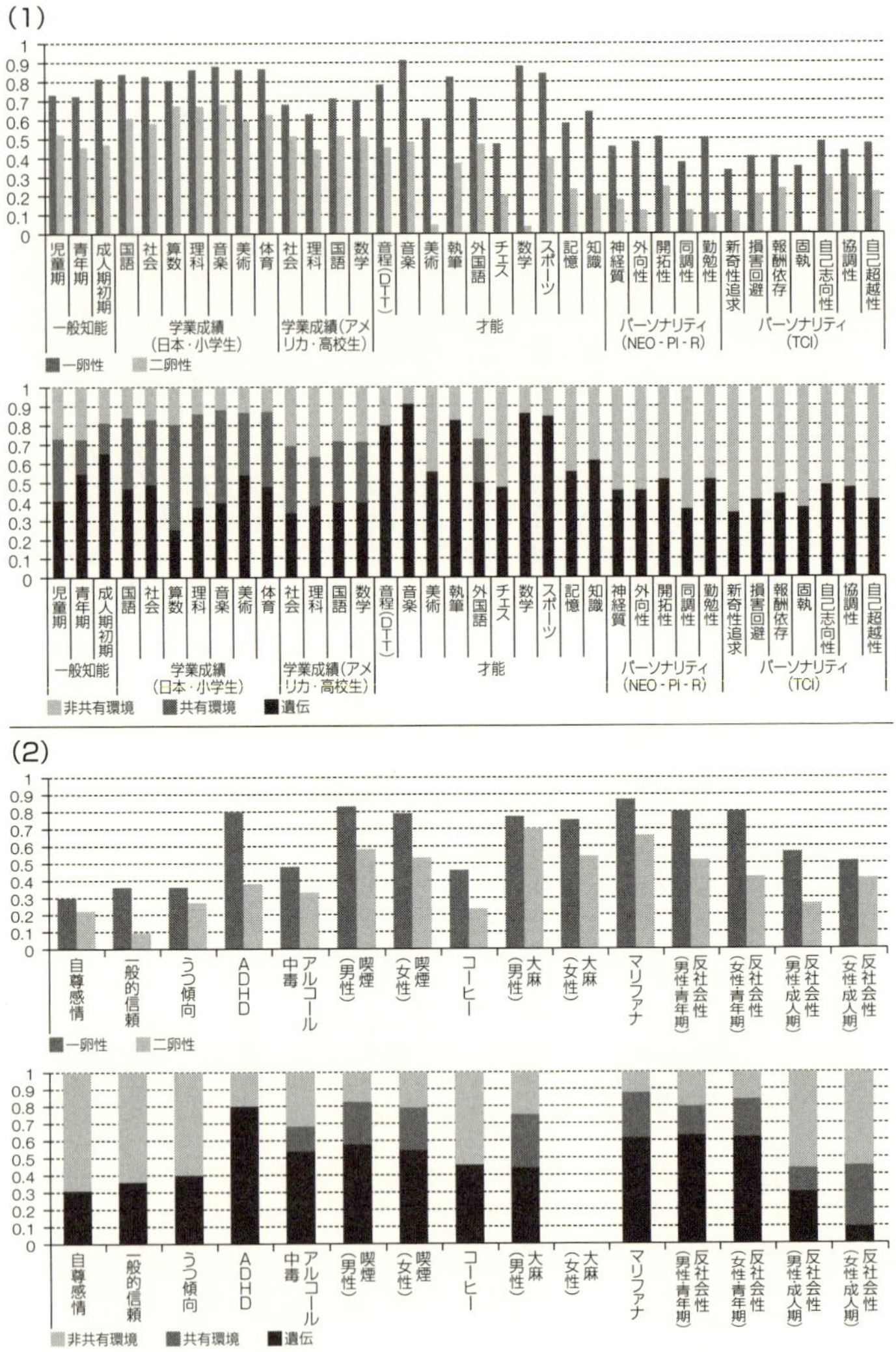

図1　さまざまな心理的形質の一卵性・二卵性双生児の類似性（上）と、そこから算出した遺伝・共有環境・非共有環境の割合（下）

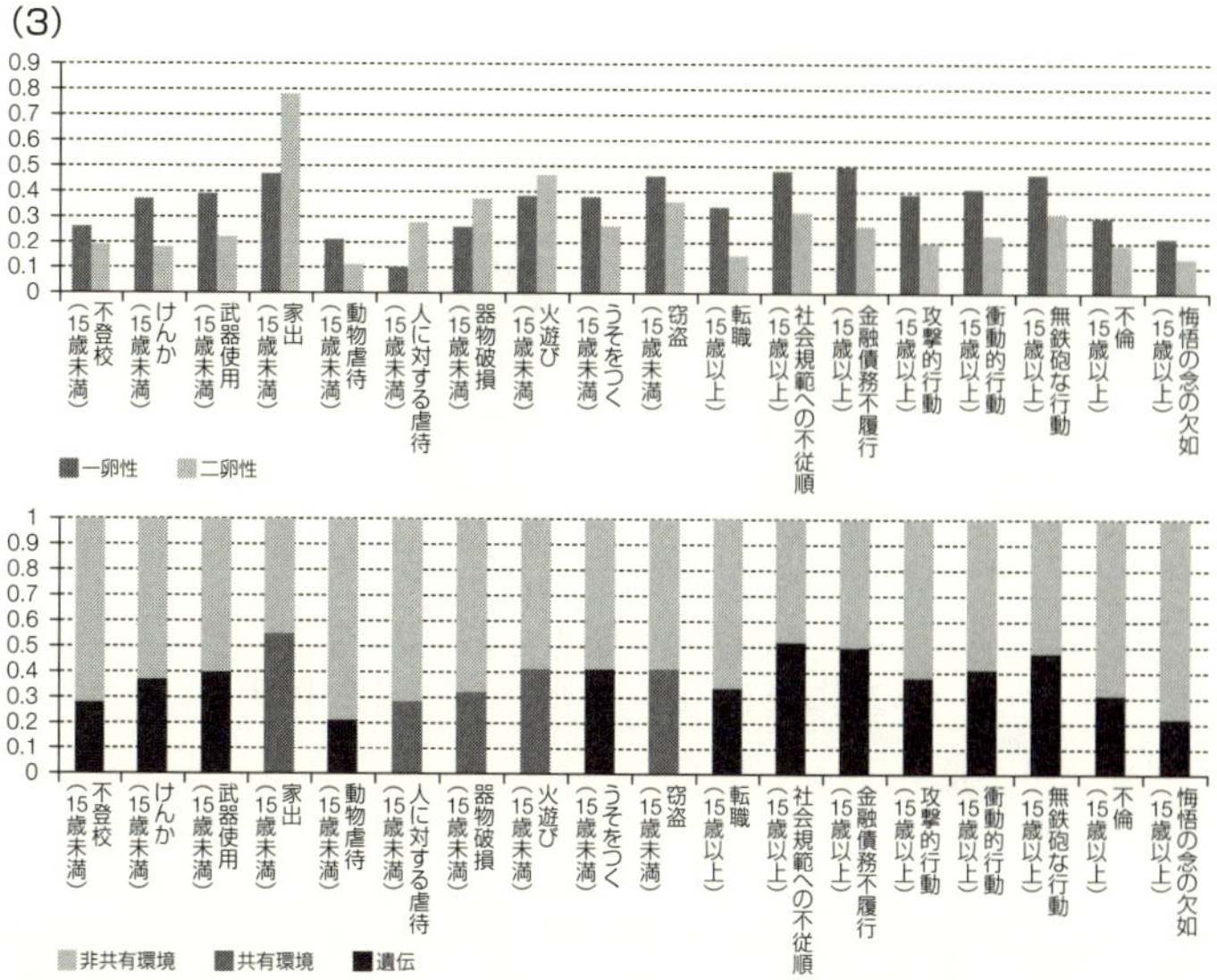

図1　つづき

出所：安藤（2014）[1] をもとに作成

影響があるといえるし、一卵性と二卵性の差が大きければ大きいほど、遺伝の影響が強いといえます。

では、本当にそうなのか。いろいろな心理検査をやり、それを統計的に分析します（図1(1)~(3)）（安藤 2014[1]）。

ここでは、一つひとつを見ることはしません。さまざまな心理学的な、あるいは教育的な形質、例えば知能、学業成績（日本のもの、アメリカのもの）、才能（アンケート用紙で、「あなたは、音楽について、チェスについて、ほかの人と比べてどのくらい才能があると思いますか」ということを五段階評価で聞いたもの）、それから、私たちはパーソナリティーも見ますが、一つが二

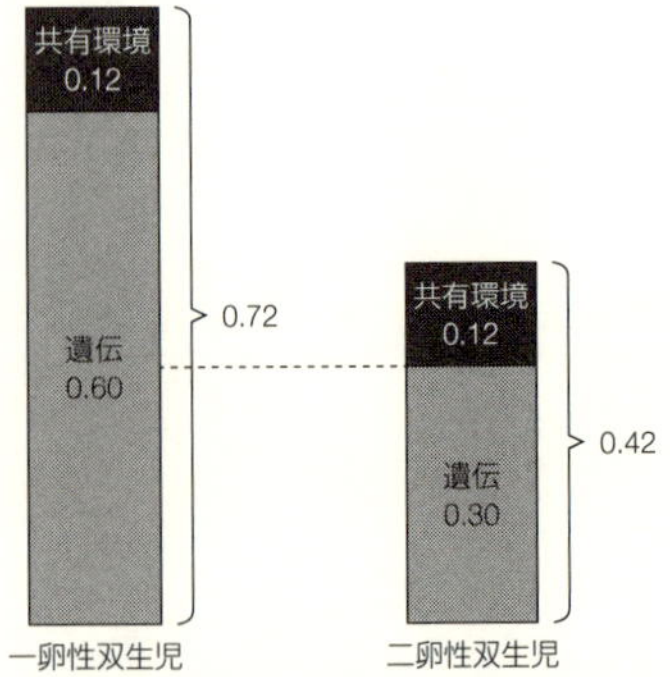

図2　一卵性双生児の相関と二卵性双生児の相関の成り立ち（例えばそれぞれ0.72と0.42）

〇〇項目以上あるようなアンケートを通して調べたものです。縦の数値は、相関係数という値で、完全に一致していたら「1」、まったく似ていなければ「0」になるような数字です。するとどれを見ても、一卵性双生児のほうが二卵性双生児の類似性を上回っていて、遺伝の影響があることが読み取れます。

さらに詳しい統計的方法を使うと、この一卵性と二卵性の類似性のデータから遺伝と環境の大きさを割り出すことができます（図2）。共有環境とは、家族を類似させるように働く環境の効果の総体で、二卵性双生児の相関が一卵性の相関から予想される一卵性の半分の大きさより大きいときに、それがあるとみなされます。また非共有環境とは、同じ家庭環境に育ち遺伝的にも同じ一卵性でも似ていない程度、つまり家族を異ならせる環境要因、一人ひとりに固有な環境要因の総体で、1から一卵性双生児の相関を引いた値、図には書かれていません

が、

$$1-0.72=0.28$$

ということになります。

まず全体を通していえることは、どんなものにも遺伝の影響があります。おおむね五〇％が遺伝で説明できます。でも、遺伝だけで全部説明できるわけではなく、環境もまた影響しているといえます。この中で、能力的な、知能的な指数であるＩＱや学校の成績には、家庭環境の領域はある程度入りますが、パーソナリティーなどには入ってきません。

他のものも見てみます。例えば、自尊感情とか一般的信頼とかは、普通は社会環境の中で学んでいくものです。また、うつ傾向とか、ＡＤＨＤ（Attention Deficit Hyperactivity Disorder：注意欠陥・多動性障害）とか、アルコール中毒といった病理的なもの、大麻とかマリファナとか、物質依存、攻撃的行為とか犯罪の反社会的行動に関して見ても、基本的には、一卵性が二卵性の類似性を上回っていて、半分近くまで遺伝で説明ができます。

さらに、不倫とか、放火とか火遊びなどもあります。これについてちょっと説明をしておくと、一五歳を境にして違いが見られます。一五歳未満の子どもが悪いことをするというのは、家庭環境の影響が結構あります。しかし、一五歳以上の大人になっても悪いことをするというのは、遺伝の影響が少なからずあるということを示しています。

2 行動遺伝学の三原則

こういった研究は、今や心理学の分野で非常にたくさんなされていますので、「あなたの研究のキーワードと、『遺伝（genetics）』、『ふたご（twin）』の三つキーワードを論文の検索エンジンに入れてごらん」といってみせると、大概何かヒットします。もし、みなさんの中に研究者の方がいたら、これは心理学だけではなくて、医学や保健でもいえると思いますが、その分野のキーワードと、「genetics」と「twin」を入れると、たくさんのふたご研究がなされてきていることがわかり、基本的に今ここで示したのと同じことがいえるはずです。

つまり、どんなものにも多かれ少なかれ遺伝の影響はあります。同時に遺伝だけですべてが決まるわけではなく、環境の影響もあるということも、遺伝を統制することによって示すことができます。

ただ、その場合の環境とは基本的に、家庭環境の影響はまったくないか、あっても小さいといえます。家族が似ているというのは、環境によるものではなく、むしろ遺伝によるものです。しかし、一方で環境の影響、とくに非共有環境は非常に重要です。基本的に一人ひとりに固有の環境、あなた自身の環境ということが一番重要になります。

この非共有環境はあなた自身の問題ということに加えて、さらに重要なのが、「そのとき」のあなたの環境であることです。今の環境が五年後、一〇年後も同じ影響力をもって持続するわけではなく、今限りの環境です。しかも、ある特定の行動について、例えば、学業成績について利いてくる非共有環境とパーソナリティーの外向性に利いてくる非共有環境とは全然違う共有環境になります。これは、どういう行動についてかということに関しても特殊です。つまり個人特異的なだけでなく、時点特異的であり、形質特異的というかたちで環境が影響力を及ぼすものが圧倒的に多く、その人の中で比較的安定した性質は、遺伝子が与える場合が多いです。例外もあります。遺伝には普遍性があります。共有環境は希少です。そして、非共有環境は、環境の中で優位性があります。

共有環境がないということは、教育学者や発達心理学者には気分が悪いです。普通は、家庭がこのようだったから、親や教師がこのようだったから共有環境が大事、とみな信じているし、だからこそ頑張って仕事をしようとなるところです。これでは、親や教師が誰でも基本的に同じだというメッセージになります。

そういう点を決定的に表しているのは、別々に育ったふたごです。同じ親に育てられたふたごでも別々に育ったふたごでも、基本的にその類似性はほとんど変わりません。ということは、同じ家庭で育ったということの影響力は、基本的に類似性に効いてこないということです。ただしそれはあくまでも「類似性」の説明要因としていっているのであり、家庭が重要ではないとか、親が重要ではないといっているわけではありません。

それは、子どもの個性や、とくにその二人を比較したときの似方には影響していないというだけです。家庭はその子どもを守る重要な拠点であったり、社会経験の最初の場であったりするわけで、そういう家庭の機能に意味がないといっているわけではないということは、念頭に置いてほしいです。

3　共有環境が現れるとき

しかしながら、例外的に共有環境が現れる形質があります。それは知能と学業成績、物質依存、そして悪いことで、とくに未成年のときの反社会的な行動に関しては、比較的一貫して共有環境が現れます。一方、パーソナリティーとか精神疾患には、共有環境は現れません。どこが違うのか。基本的に社会的なルールや、知識そのものがかかわってきます。これは、当たり前といえば当たり前ですが、学ぶ環境が与えられると、その部分が伸びます。家庭が知識や知的スキルを伸ばし、うちの中で知的な会話をするとか、本がたくさんあるとか、子どもに対して、「これは、いったいどうしてこうなるんだろうね。お母さん、こういうことだと思うよ」というふうにかかわっていく。そういうことをするかしないかが、知的な能力にかかわってきます。

あともう一つ、知的な能力にかかわってくる共有環境として取り上げられるのは、家の散らかりぶりです。散らかっている家は、知的能力が伸びにくいそうです。この場合の「散らかっている」というのは、基本的にオーガナイズされていない環境ということで、物が片づいていないということだけでなく、時間がルーズとか、そういったことも入っています。これは、遺伝要因ではなく、環境として利いてくるといえます。

そして、物質依存です。こちらはわかりやすいです。つまり、物《ぶつ》があるかどうかです。結局、たばこがある、麻薬があるような環境だと、やっぱりそれは影響します。

それから、子どもの非行も、ある種の社会的なルールによるものだと思います。本当に悪いことをする子がいる一方、子どもの頃にちょっとたばこを吸ってみようかな、万引きとか何かちょっと悪いことをしてみようかなと、それが子どもの中でステータスになることがあります。若い頃は間違いをしでかすもので、一つの社会的な役割の学習がそっちのほうに向いたときに出てきます。しかし、ある程度分別がついても盗みとか薬をやってしまうというのは、その人のさまざまな遺伝的な物質に対する感受性や、衝動性、あるいはこらえ性がないとか、攻撃性といった性質が影響すると考えられます。

4 遺伝の誤解

さて、遺伝というと、よく誤解されるのですが、こうした話を聞くと、頭の悪い子は親の頭が悪いせい、「この親にしてこの子あり」という、親から子どもにある形質が伝達する、「カエルの子はカエル」という伝達観というものが強くみられると思います。

もう一つの誤解は、遺伝によって決まってしまう、つまり一生その影響をもち続けるというものので、こうした決定観も遺伝に対して根強いです。

今のうちに宣言しておきますが、「遺伝は遺伝しない」という話をします。それでもたぶん、明日になって、子どもに遺伝の話をするとき、多くの人で、「この親にしてこの子あり」という話にすり替わってしまうと思います。そこに念を押して、そうではない、ということを学んでほしいのですが、なかなか変わりません。

そんなに難しいことではありません。遺伝子の伝達の仕組みを考えれば、すぐわかることです。メンデルはエンドウ豆の丸かしわか、緑か黄色か、そういったものを対象に研究しました。基本的にはそれとまったく同じです。ただし、メンデルは、「一つの性質に関して対応する遺伝子は一つしかない形質」を扱いましたが、例えば身長にしても、これから話す能力にしても、た

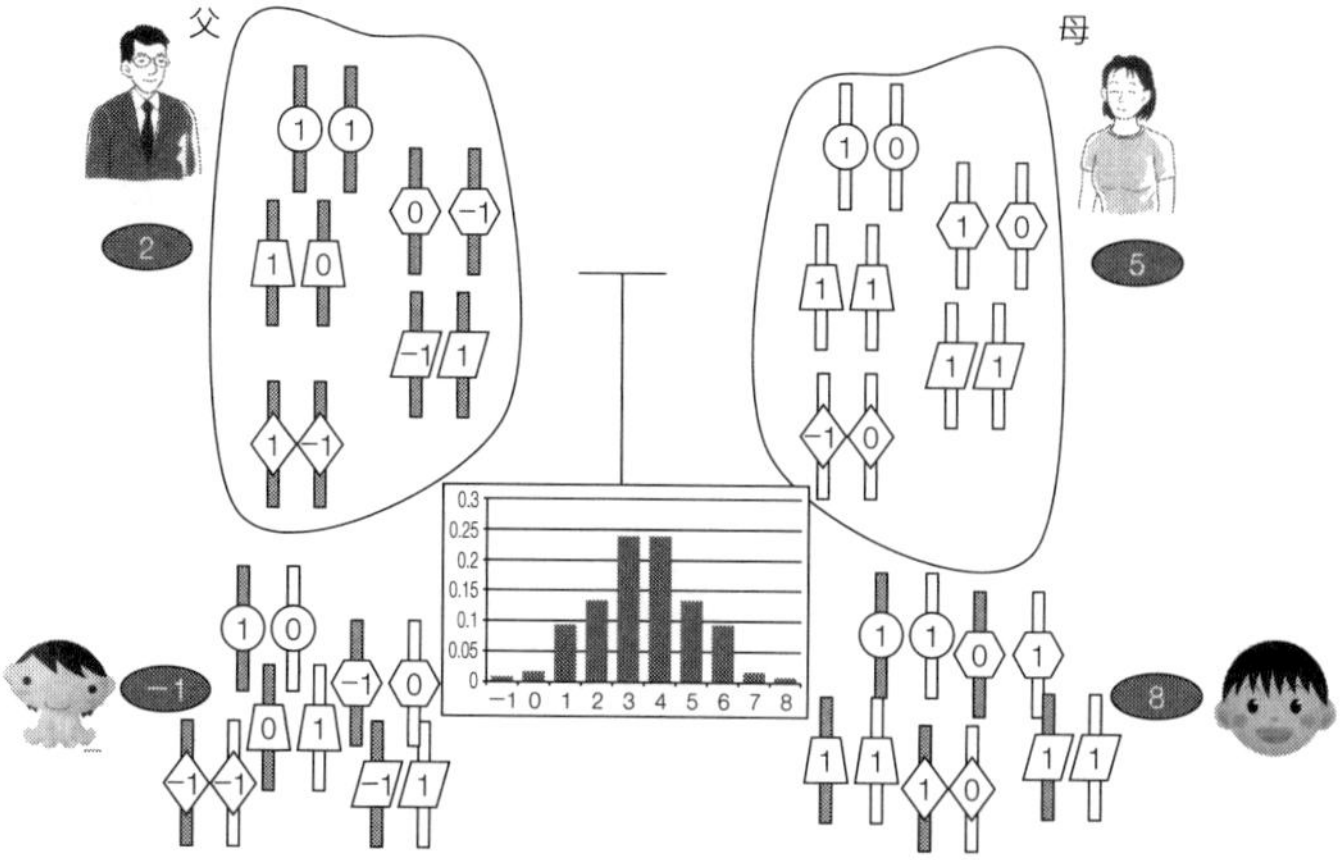

図3　親から子への遺伝子の伝達

った一つの、頭を良くする遺伝子、あるいは複数遺伝子が二つだけ、三つだけでできているとは考えにくい。人間の遺伝子は、タンパク質をつくるものだけでも二万個以上あります。それを制御している遺伝子も、それ以外の所でいろいろなかたちであるようなので、基本的に複雑な要因から成り立っています。複雑な行動に現れてくる遺伝子となると、たくさんあることが考えられます。

　身長でも知能でもいいですが、そういうものに対して五つの染色体のセット上にある五対の遺伝子、全部で一〇個の遺伝子がかかわるとします（図3）。そして、話を単純化するために、そこにある遺伝子は、その形質の大きさや強さ等を高めるものは「1」で、低めるものは「マイナス1」、大体平均にとどめるものが「0」という、この三種類しかないと考えます。

これは、足し算として出てきます。この場合、全部を足し算すると、お父さんは二点、お母さんは五点になります。ここからどんな子どもが生まれるか。不幸にして、それぞれのペアの中で低い方の値を引いた子がいたとします。すべてのペアに関して低い方の値がくる組み合わせをつくったのが、この図です。これを見ると「マイナス1」で、両親のどちらよりも低い値の子がこの子です。

逆に、すべてのペアにおいて高い値を組み合わせると八点になります。親は二点、五点ですが、子どもの可能性としては、両親のどちらよりも低い子どもから両親のどちらよりも高い子どもまで生まれる場合があり、基本的にはちょうど真ん中、この例だと三・五点を平均とした正規分布になるかたちで子どもが生まれる確率が出てきます。つまり、一般に子どもは、同じ親から親以上の範囲のところで生まれる可能性があるということです。

そんなに難しいロジックを使っているわけではありません。おそらく五〇年ぐらい前なら、どこの家庭でも四人や五人、場合によっては一〇人も子どもが生まれていたので、同じ親から生まれた子どもでも、顔から性格から、何から何まで違うことが実感としてわかっていたはずです。

このように遺伝は遺伝しません。確かに遺伝子は伝わっていますが、むしろ親と違った子どもが生まれてきます。さらに親と違った子が生まれるもっと顕著な例が、顔立ちです。目の形は父親ゆずり、鼻の形は母親ゆずりのように、パーツパーツがシャッフルされて子どもに伝わると、

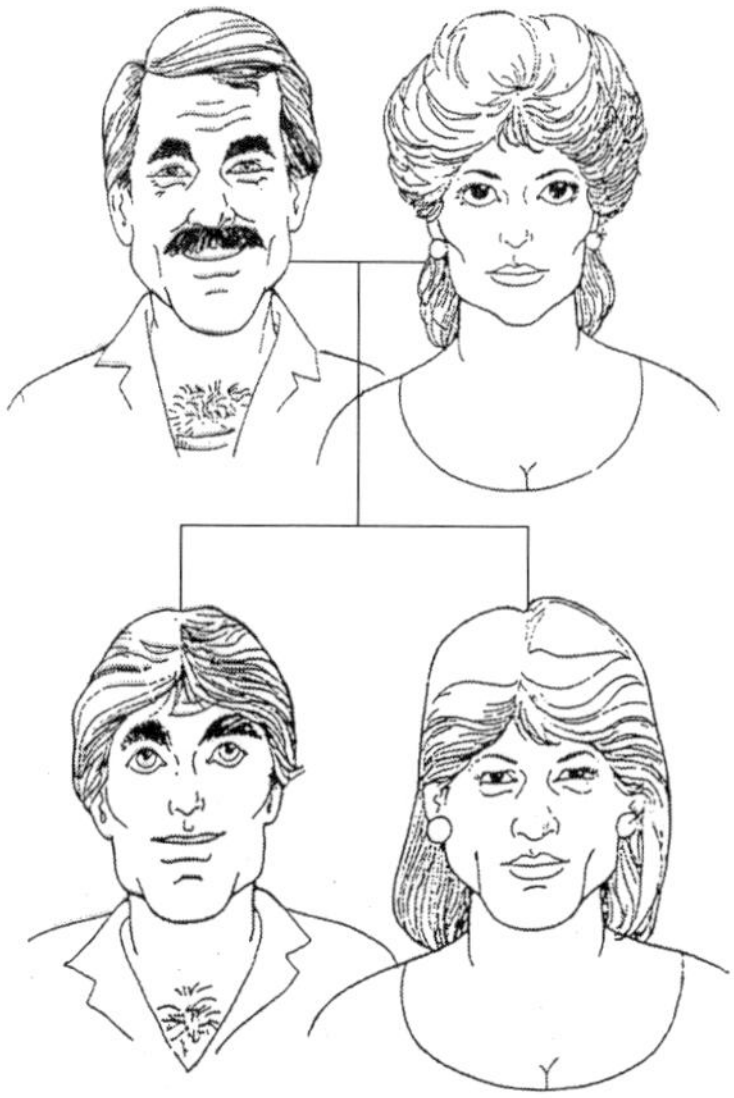

図4　非相加的遺伝効果

このようなかたちになります（図4）。

こうして、部分的には親と似ているけれども、全体として違った印象をもつ顔になります。これは、自分自身のケースとして受け止めるとわかると思います。もし、この人に一卵性のふたごがいたとしたら、髪型は違うかもしれませんが、基本的には同じ顔になります。顔立ちは遺伝の影響があります。しかし、全体の組み合わせが醸し出す一つの模様となると、決して伝わってはいません。先ほどは足し算で効いていましたが、これは足し算で効くのではなく、一つの模様として効いてきます。足し算で効かない場合を「非相加的遺伝」といいます。ですから、一卵性双生児はよく似ているけれども二卵性双生児の親子はあまり似ない、あるいはまったく似ないかたちになることが起こります。

ふたごのデータを使うと、どういう遺伝様式かが示されます。基本的に、能力的なものは足し算的に効いてきますが、パーソナリティーや精神疾患、統合失調症や躁うつ病などでは、一卵性は結構似ているけれども二卵性はあまり似ていません。

それは、たくさんの遺伝子がどういう組み合わせか、何と一緒になるとその形質を発動させるかという質的な違いとして表れるからだと考えられます。遺伝というと、ともすれば、「あの親にしてこの子あり」という話になりがちで、もちろんそういう性質はあります。遺伝子そのものは伝達しますが、全体の模様や組み合わせを考えると、むしろ同じ親からも違った子どもが生まれ、親と子は違った存在になります。生物は、そういうものをつくり出しています。

基本的には生物多様性の問題で、同じ素因をもった者をつくり出さないことを意味します。これも当たり前のことで、世界中どの二人をとってみても同じ顔をしている人はいません。顔をつくる要因は複雑で、それがこのようなかたちでつくられるということです。

遺伝子の数から考えられるあらゆる遺伝子の組み合わせの数は、おそらく一〇の数千乗になります。一方、星にも寿命があり、いつか星はなくなります。地球もいつかはなくなり、人類も必ず滅びるので、この地球が生まれてから滅亡するまでの平均的な寿命と今の人口を考え合わせると、人の数は一〇の二〇乗ぐらいにしかなりません。

遺伝子の可能性は一〇の数千乗で、人の数は一〇の二〇乗ぐらいですから、自分と同じ遺伝的な素因をもった別の人が生まれることは絶対あり得ないといえます。それは、取りも直さず、自分一人、あなた一人というのは、遺伝的にはかけがえのない、そして、他の者には絶対になり得ない独自性をもっています。

ですから、結局、自分がどんな生き方をするか、どんな死に様をするか、どんなかたちでその遺伝子をこの世の中で使っていくかについて、他に同じ条件で生きている人は誰もいませんから、誰もわかりようがなく、最後まで答えがわからない問いに向かって生きていくしかないことを意味します。ただ、例外が一つあり、それが一卵性双生児ということになります。

5　教育は無駄か——学力は個人では変えられない

こういった話を聞くと、「教育なんか無駄だ」と思われがちです。ちなみに、二年前、東海道線の吊り広告で、『言ってはいけない—残酷すぎる真実』（橘玲著、新潮新書）という本の広告があり、その真正面にもう一つ別の本の宣伝が出ていました。それが『やり抜く力 GRIT（グリット）—人生のあらゆる成功を決める「究極の能力」を身につける』（アンジェラ・ダックワース

2016）[2]です。これは「社会で成功する力はＩＱではない」ということをいっていて、やり抜く力、一つのことをずっと持続する力が重要であり、これは遺伝ではなく、小さい頃のしつけによって大きく変わるということを強調しています。

まったく正反対の話が出てきて、おそらく、ほとんどの人は、「言ってはいけない」ではなく「やり抜く力」に行くと思いますが、では、教育は無駄なのか。無駄ではない、という話に入りますが、その前にもう一つだけ、とても悲観的な話をします。

先に学業成績の話を出しました。基本的に、遺伝が半分ぐらい、残り半分のうちの三割程度が共有環境、つまり家庭環境です。家庭環境を変えることによって成績が変えられると解釈することができますが、子どもの立場に立ってみましょう。自分がどんな遺伝子を受け継いだかは、自分ではどうしようもないことです。自分がどの親や家族から生まれたかも、本人にはどうしようもないことです。つまり、本人にはどうしようもないことで八割以上が決まっているということです。

しかし、私たちは、「おまえの成績が悪いのは、おまえが努力していないんだ」と、本人に対してその責任をなすりつけようとします。学校の先生にこれを伝えるのは非常に難しいのですが、要するに、非共有環境の部分は一〇～二〇％です。つまり、個人の中で変わり得るのは全体の割合でいくと二〇％以下しかないということで、それは、学校の先生が少し教え方を変えたぐらい、あるいは学習法を少し変えたぐらいで、遺伝を乗り越える差を生み出すことは非常に難しいことを意味します。

二〇一四年から二〇一五年にかけて、学年ビリから慶應義塾大学合格の実話をもとにした作品「ビリギャル」がはやりました。ああいう話を聞くと、劇的な変化は誰にでも起こり得るということを信じたくなります。あれも、「遺伝と環境の交互作用」という現象として説明できますが、そういうことは実際あり得ます。ただ、きわめてまれなことであり、本当にその人に合った特別な環境に偶然出会うことがなければそういうことは起こりにくく、一般的な生活と一般的な学習の違いからでは、それほどの差を生むことはとても難しいのです。

またもう一つ重要なポイントです。学校教育は無駄だと思われるかもしれませんが、これも大きな誤解です。学業成績に関する遺伝の影響の大きさは、学校教育がこれほどまでに普及したから、ここまでになりました。明治の初め頃を考えてください。学校に行ける子と行けない子がいました。そのときの学力の差は、学校に行くか行かないかで決定的に違ってきます。つまり、どういう環境に置かれたかでその差が生まれます。

ところが、明治維新から一五〇年たち、学校教育が万人に普及し、これだけ教育飽和状態になり、誰もが教育を受けられるようになったとき、出てくる差には遺伝的な影響が現れるようになったのです。教育は確かに才能を開花しますが、それは逆に、才能がないこともあからさまにするといえます。

こういういい方をする人はほとんどいないと思いますし、そういうことをいうと非常に悲観的になります。考えてみたら、私たちはできもしないことを、「頑張ればできるぞ」といわれて、いろいろなトレーニングをしています。しかし、それは自分に才能がないことを気づかせてくれたと考えれば、自分に才能がある方に、より多くの時間やお金を投資する決断にもつながります。

教育の話となると、なぜか経済的条件を無視し、無限の時間と無限の才能と無限の教育環境が与えられることが前提になりますが、実際は時間的に限られています。自分が一人前の大人になる前に、自立する能力をその人にある程度確保させなければなりません。

教育環境も、基本的には限られた特定の学校や一定の教え方の中で学ばなければいけません。そして、限られた能力のみで、その遺伝的資質を使い、私たちは一人で生きていけるようにならなければならない。そういうことが忘れられて教育が語られているのではないかと思います。

6 チンパンジーには教育がない

ここから先は、「教育はとても大事だ」、「教育は無駄ではない」、「人は教育がないと生きられない動物だ」という話をします。チンパンジーは人間と非常に近い存在で、かなり頭がいい動物です。とくに日本は京都大学の霊長類研究所があるので、チンパンジー「アイ」の研究で彼らの知能が高いことが示されていて、さまざまな成果が出ていますが、彼らがお互いに教育をしているかどうかを見てください。これは、野生のチンパンジーが木の実割りをしているところです。

（映像流れる）

――（ナレーション）小さな子どもが、お母さんが割った種をもらいました。この子は一歳半。そろそろ石の道具に興味をもち始める年頃です。一歳半の子どもの前で割っているのは、七歳のお姉さんです。子どもがお姉さんに飛び付きました。ねらいは、台の上にある種です。しっかり握って返しません。周りにたくさんある種ではなく、お姉さんが割っている種が欲しかったのです。

今度は石を手にしています。お母さんやお姉さんが割っている種と使っている石。気になってしょうがありません。

ここからは、もしこれが人間だったらどうなるかを想像しながら見てください。

――子どもは、大人が割る様子をじっと見つめます。こんなにまとわり付いても、大人は追い払うようなことはしません。

追い払いはしません。しかし、教えもしません。人間だったらどうでしょう。

――石の台に種を乗せました。でも、まだその先がわかりません。もう一度、大人の割り方を見にいきます。人間なら、「こうですよ」と、言葉や身ぶりで教えるところですが、チンパンジーの大人は自分の姿を見せるだけです。それを見て、子どもは自分でいろいろと試してみるのです。

これは、見せているわけではありません。親は、ただ食べたい事由でやっているだけです。子どもはそれを見て試す。そこに、「見せる」とか、ましてや「教える」ということはありません。

――もう一度、挑戦。台に種を乗せ、子どもが一人でできるようになるまでには長い時間がかかります。

（映像終了）

長い時間、およそ三〜五年かかります。人間の子どもが目の前でやろうとしているところを、三年ぐらいほったらかしていたとしたら虐待です。まずあり得ません。人間の場合、できない子が前にいると、基本的には教えたがります。また子どもも、「これでいいの？」と言い、視線を使って評価を求めます。ところが、チンパンジーにはそれが起こりません。

あらゆる動物は学習をします。昆虫などの動物は本能だけで生きていて、学習などしないと思っている人はまだ結構いますが、二〇〇〇年代に入ってからの研究で、ゾウリムシが学習していることは実験的に確かめられています。

基本的に動物ですから、動きによって変わっていく環境の中に適応するための知識を学ばなければ生きていくことができません。「生の三欲」というと、食欲・性欲、ここまでは必ず出ます。第三の欲として、睡眠欲といったり、排せつ欲といったりすることもありますが、そうではなく、それは知識欲あるいは学習欲です。どうしてこの三つめの燃えるような欲を、知識欲、学習欲と設定しなかったのか。睡眠は、欲で寝ているわけではありません。排泄も、排泄したくて仕方がないということではありません。しかし、学習は、「これが知りたい」、「これを知らないと生きていけない」という状況の中で生じています。

ところが、私たち人間は、とくに学校で勉強することをうんざりだと思っている人は、学習を欲でやっているとは思えません。しかし、知識を学び、それを何らかのかたちで記憶にとどめることにより、同じ環境の中に行ったときに前よりも適応しやすくする仕組みがあることによって、私たちは生きていくことができます。

どんな動物も、自然環境に適応するように学習していきます。基本的には個体で学習していきますが、社会的な動物の場合は、周りの個体がやっていることを一緒にやる、あるいは、教えようとはしないけれど見て学ぶというかたちで学んでいきます。

人間も同じです。こうして大都会にいると、自然を意識する機会は地震などがない限りなかなかありませんが、人間は、アフリカのサバンナから出てきた頃から、基本的に大自然の中でさまざまな狩猟採集をして生きてきました。それは他の動物と同じで、どこに獲物がいるか、どの時期に何が捕れるかを学ぶことで、生きていくことができたわけです。

ただ、人間の場合は、一人で学ぶわけではなく、その学んだ知識をお互いに共有し合って、文化をつくり、社会をつくります。この文化を通して自然に適応します。動物が食物分配するのと同じように、知識分配をします。

つまり、人間は自然に適応するためにつくられた社会と文化に適応することによって生きる。この文化が非常に複雑になったら、どうやって学ぶか。基本的には家族が一つの単位なので、親のやっていることを学んでいきますが、それでも知識が非常に複雑になって、とくに国民全員が教育を受けるようになるのが啓蒙時代、一七〜一八世紀ぐらいの頃で、学校ができるわけです。

大人のための学校はメソポタミアの時代からありますが、子どもの学校までちゃんとつくろうとしたのは、産業革命や市民革命の時代、啓蒙思想の人たちでした。

さらに、学校に適応するための塾や予備校に適応することによって、社会に適応し、自然環境に適応していきます。学校の中にいると社会ですら遠い存在になってしまい、当面、学校の教科を学ぶことで一生懸命というのが今の教育の状況ですが、このように教育が発生するに至る構造は、教育というものを考えるときに絶対忘れてはいけない点だと思います。

「教育をする動物は人間しかいないのか。チンパンジーですらしないなら、それはもう人間しかいない」と思うかもしれません。面白いことに、他の動物にもみられることが最近わかってきました。「学校がないのに、どうやって動物に教育があることを証明できるの？」と聞かれたときに使われる定義があります。

動物にも使える教育の定義。教育者はよく「人間形成のための営み」などといいますが、そういう定義だったら、「動物形成」（ゾウリムシ形成やチンパンジー形成）ともいえるわけで、そんな定義は動物には使えません。動物に使える非常に優れた定義はカロとハウザー（Marc D. Hauser）が一九九二年につくった定義で、動物行動学者は基本的にみなこれを共有しています。

少し難しいですが、こういうことです。ある個体A（先生）が経験の少ない観察者B（学習者）の存在があるときにのみ、その行動を修正します。つまり、自分一人ではやらない行動を特別に変えてするということを意味しています。そのときに、先生に当たるAは、コストを払う、わざわざ損をする、あるいは少なくとも直接の利益を被らず、その学習者Bのためにそれをやります。その結果、Bは学習を成立させます。この三つの条件がそろったときに、「ティーチング」つまり「教育」と呼ぼうということです。

これは、進化的にはすごいことです。遺伝子というのは、大体、自分が生き残ることしか考えていませんし、どんな生物も基本的には利己的に生きています。自分が生きるだけでも精いっぱいで、あのチンパンジーですら、自分で生きるために、子どもが目の前にいても親は自分が食べることだけをしています。わざわざ自分が損をしてまで他の個体に学習させるように自分の行動を変容させることが進化の過程で出てきたことは、奇跡のようなことであり、なかなかありません。

人間しかやっていないと思われていましたが、二〇〇六年にミーアキャットがやっていることがわかりました（Thornton & McAuliffe 2006）[3]。ミーアキャットは砂漠の中でサソリを捕りますが、サソリは毒のある針で刺したり、はさみで攻撃したりしてくるので、かなり食べにくく、刺されると痛いです。

そのときに、まず、親ではない大人の個体が完全に殺したサソリを子に与えます。そうすると、食べ物であるということがわかります。また、基本的にはしっぽのほうから食べますが、その食べ方もそのときに学習します。次に、半殺しにして、まだぴくぴく動くサソリを与えます。そうすると、動いているものを捕ることがわかります。最後に生きたままのサソリを与えます。こういう段階を踏んで学習させることを、観察や実験を通して明らかにしたのがオックスフォードのアレックス・ソーントン（Alex Thornton）です。

彼を日本に呼んでシンポジウムをしたことがあります。さすがにオックスフォードの秀才だけあって、話しだすと非常に知識も多いです。彼がミーアキャット一匹一匹にマーカーを付けて行動観察した結果、そのような段階を経て教えるという非常に複雑な教え方をしていることがわかりました。

同じ頃、昆虫のアリが教えていることもわかりました。餌のある場所を仲間に教えるのです。ふつうアリは基本的に隊列を組み、前の個体にくっついていきます。アリはフェロモンを出しているだけで、一匹一匹は後ろを歩いているアリにその場所を教えることなど考えてもいませんし、そもそも勝手にやっています。

しかし、ある種のアリは、後ろを歩いているアリが迷ってぐるぐる回っていると、前を歩いているアリは待っていてくれます。後ろが戻ってくるとまた歩き、迷うとまた待っています。この

「待っている」というのは、まさにカロとハウザーの定義に合っています。後ろにアリがいなければそんな特別な行動はしませんが、そうすることによって餌分けを学習させています(Thornton & Raihani 2008)[4]。

他の動物でもやっているので、いわゆる進化のプリカーサー（precursor）、先駆行動です。貨幣を使うのも文字を使うのも文化的な産物で、人だけがやっているなら進化とはいえません。しかし、他の動物もそういうメソッドを採用しているとき、そこに進化的な基盤があるといえそうだということです。

教育とは進化的にいかに特殊かがおわかりいただけるでしょう。どんな動物もまずは一人で生きていきます。アメーバやゾウリムシは、まさにそうです。これは「個体学習」です。社会的な動物、例えば、オオカミやライオンは共同で狩りをしますが、一緒になって学ぶ、あるいはチンパンジーのように他の個体のやり方をまねする模倣学習があります。これを「社会学習」といいます。つまり、一人ではなく他個体に影響を受けながら学ぶという意味では社会的です。確かに状況は社会的ですが、教えてくれる人は誰もいません。社会的な触れ合いの中で、自分一人で学ぶことをしています。

ほとんどの動物は「個体学習」「社会学習」で生きていますが、いま言ったいくつかの個体と、なぜかわれわれヒトに、わざわざ教える行動をするかたちの学習が生まれます。とくにヒトの場合は、教えることがむしろ学習の主体になっています。

チンパンジーは、基本的には自分と学習の相手、あるいは自分と相手というように二項関係で学んでいますが、人間は、学ぶものを介して、教える人と教わる人という三項関係で成り立っていて、次元の違う学習をしています。進化的に奇跡というべきほどのことで、これを聞いたときにはかなりびっくりし、「これまでなぜこんなことに気づかなかったのか、進化的な革命ではないか」と思いました。しかし、これに気がつき、これを基に理論を立てている教育学者はまだ一度も見たことがありません。この目線で教育学をつくろうとしている一部の心理学者と動物行動学者しかいないので、これは生物学的にかなり面白い話だと思います。

とはいえ、ヒトだって個体学習しなくなったわけではなく、基本はすべて個体学習にあります。私はいま、みなさんに話をして、いわば「教えて」いますが、一人ひとりは自分の頭で考えることができます。しかし、この状況は教育的な関係で、基本的にはどんな人も個体学習しているのです。みなさんは、私の話を聞いて、いわば頭の中で私の話をまねしているかたちになっています。これが模倣であり、私がみなさんの顔を見て話の内容を少し変えたり、インタラクティブになるところで教育が行われていきます。

人は、一人で学び、知識を一人だけでため込んでいるのではなく、その知識を他の人に伝えるという基本的な性質をもっています。それは「利他性」といわれる性質で、それが食物や身の安全だけでなく知識に向かっているのです。

そのことを示すいくつかの証拠を二つほど話します。一つは、進化的なものであるという理由は、言語と同じで、それ自体は教わらなくても自分でできるようになるからです。教育によっていろいろなことを学んだかもしれませんが、教育の仕方やされ方を誰かから教わった記憶はありますか。たぶん、ないと思います。

生まれつき教育ができるということを証明した赤木さんの研究があります（赤木 2004）[5]。穴のくぼんだ所に形の合ったものを入れるという、一歳児の知能検査の課題があります。これは子どもがやるのではなく、これができる子どもを前にして、実験者がやります。大人がわざと間違えたとき、子どもはどうするか。

一二〜一五か月ぐらいの子どもは、自分でそれを動かそうとします。ところが、一八か月ぐらいになると、「そうじゃないよ。こっちだよ」とポインティングをするようになり、併せて、大人の目を見ながら、「そっちじゃなくて、こっちだよ」と指し示す子が出てきます。二歳ぐらいになるとポインティングがかなりメジャーになります。つまり、人間は、二歳前に自発的に教える行動ができるということを示した研究です。ふたごでもそのデータを採ると、確かに似たような結果になりました。

もう一つは霊長類の生活史の比較です（図5）。生活史とは、生まれてから死ぬまでにどんな

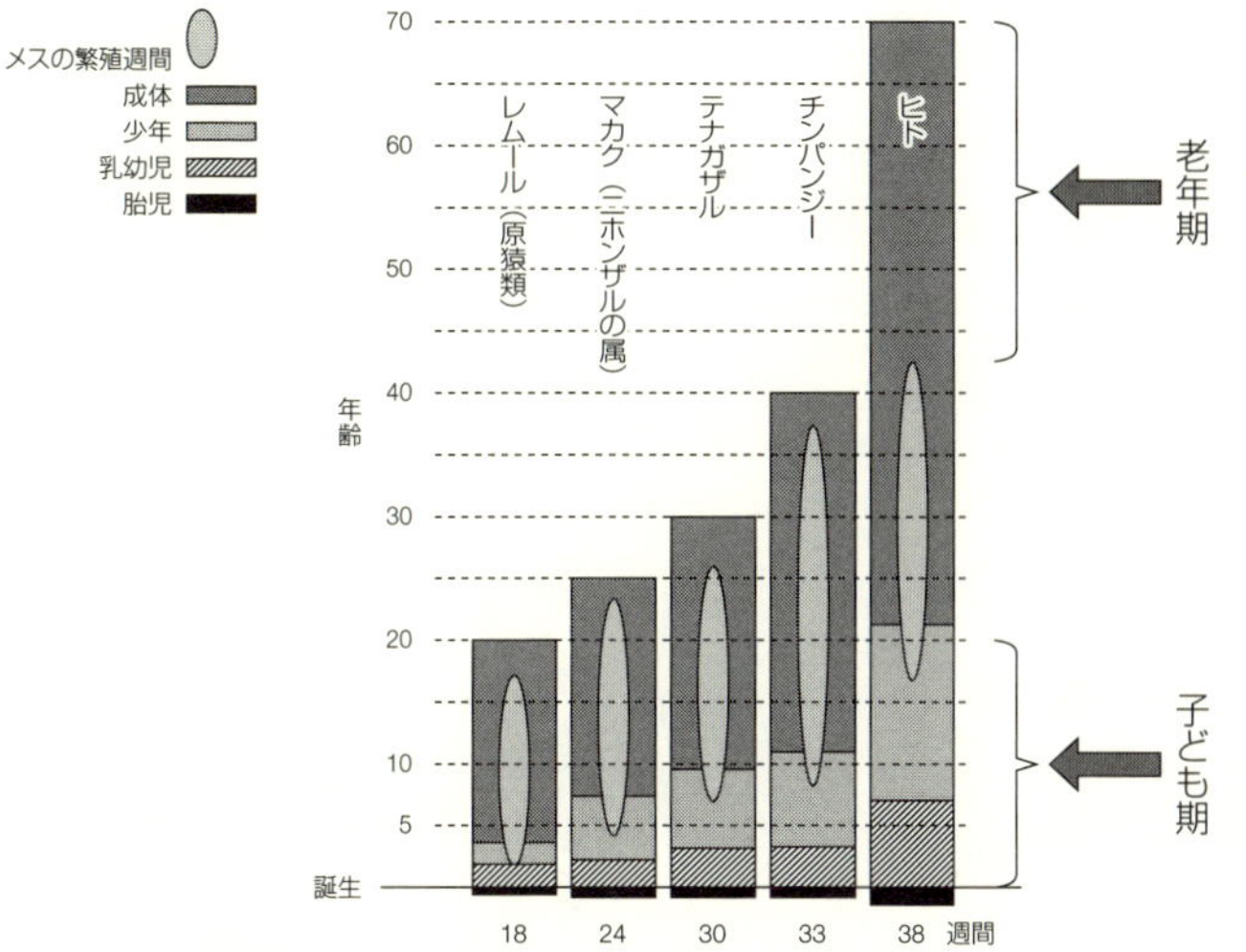

図 5　霊長類の生活史

出所：Schulz（1960）をもとに作成

ことが起こっているかを示したものです。とくに、乳歯が永久歯に生え変わるところで子どもから大人への変化を見ます。図中の真ん中の楕円は、女性において生殖期、つまり初潮から閉経までの長さを表しています。

ヒトが他の動物と決定的に違う点が二つあることに気づくと思います。まず、子ども期（乳幼児期と少年期をあわせた部分）が長い。それから閉経後の老年期も長い。霊長類に限らず、他の動物は、子どもが産めなくなるとそれが命の終わりです。ところが、ヒトはその先がとても長いのです。これは、医療技術が発達したからではなく、もともとこういう性質をもっています。とにかく、おじいちゃん、おばあちゃんはずっと昔からいたわけで、病気や戦争で平均寿命は短かったですが、生き延びれば七〇歳や八〇歳まで生きられます。

これも進化的にはとても変なことです。なぜ、子どもも産めず、遺伝子も残せないまま生き延びられているかということに、何か生物学的な理由があるはずです。考えられている一つの仮説が、「おばあさん仮説」です。生殖期にあっても、もし、おばあさんがいないと、親は子どもの成長や教育にかかりきりにならなければいけません。ところが、おばあさんたちがいることで、さらに次の子どもを産むことができます。まず、生殖を補助しているということが一つです。

それはなぜできるかというと、おばあさんたちが子どもを育ててくれるからです。そのとき何が起こるかというと、まさに教育です。おばあさんたちがもっている知識を子どもに教えることを促す機能が、このパターン生活史に表れています。

また、子ども期が長いこともそうです。私たちの世代にとって、少し前まで馴染み深かったことですが、上の子が下の子をおぶってあやしていたり、上の子たちと一緒に遊びながらルールを教えていくということがあります。それを見に、カメルーンまで行きました。

文化人類学者たちは、「狩猟採集民には教育がない」といっています（Lancy 2010）[6]。「あの人たちは、基本的に観察学習によって大人の技術、知識を学んでいる。そして、親が手取り足取り子どもに教える文化というのはほぼ普遍的になく、私たちが当たり前に思っている教育、親が子どもにわざわざ教えるというのは、西欧化された（western）、教育の普及した（educated）、産業化された（industrial）、豊かで（rich）、民主主義的な（democratic）、変な（weird）社会である。人類史の九九％、今の社会の中でも圧倒的多くの人たちは教育がない所で生きている」というのが彼らの主張であり、「教育とはきわめて西欧文化的な産物だ」ということもいっています。「そんなばかな」と思いませんか。「目の前にできない子がいて、それに対して誰も教えないことがあり、学校があるからそういうことを学んだんだ」というのは、とても信じられません。文献にも見当たらないので、わざわざアフリカに三回行ってきました。

　確かに、ありませんでした。槍《やり》投げとか魚捕りを教えていることはまったくないので、彼らにない文化を私たちが導入しようということで、寺嶋秀明先生という有名な文化人類学者と一緒になって、ただひたすらけん玉をやりました。

　大勢の前でやると、みなやりたがって、やってきます。まず大人がやりたがります。大人がやりたがり、ある程度学んだあとで、子どもがやります。そのとき、すでにできるようになった大人が子どもの手つきを見て、「そうじゃない、こう手を前のほうに流すんだ」とか「ちゃんとみてるぞ」とか身振りと言葉で伝えるのです。これは何の変哲もないように見えますが、「教えている」としかいいようがありません。こういうことは、当たり前に起こるわけです。

　ただ、学校という目で見てしまうと、こういうことは教育に見えません。そのうえで見てみると、小さい子どもにちょっとしたことを促す行動があるということが、文化人類学者の研究からもわかってきました。

人間は基本的に教育的な動物なのです。それはなぜか。人間は、きわめて利他的な、つまり、他の人のために生きなければ自分が生きていけない動物だからです。他の動物にもそういうことがありますが、それは食べ物を分配するところにとどまります。しかし、人間は、食べるためだけに生きているわけではないのです。知識をもっていないと生きていけません。その知識分配を生物学的にしているのが教育という行動であり、人間は生まれつきそういうことをする能力があり、それを洗練させたのが学校教育です。

それは、知識をお互いに共有し合って生きていく定めがあるからです。ところが、そこに能力差が表れます。できる人とできない人の差ができ、できる人は学校で有利、できない人はばかにされるかたちになります。これは、本来のかたちではありません。

これはロールズ（John Bordley Rawls）という人がいっている言葉です。とても青臭いですが、やはりここが基本だと思うので、この話をして終わりにします。

「生まれつき恵まれた立場におかれた人びとは誰であれ、運悪く力負けした人びとの状況を改善するという条件に基づいてのみ、自分たちの幸運から利得を得ることが許される。有利な立場に生まれ落ちた人びとは、たんに生来の才能がより優れていたというだけで、利益を得ることがあってはならない。利益を得ることができるのは、自分たちの訓練・教育にかかる費用を支払うためだけであり、またより不運な人々を分け隔てなく支援するかたちで自分の賦存を使用するためだけである。[7]」

教育によって学ぶというのは、自分のために学ぶのではなく、みんなで生きるために学ぶのであり、そのために自分の才能を使っているということです。それは道徳的にそうだといっているのではなく、生物学的にそうなっているのです。

参考文献

（1）安藤寿康（2014）『遺伝と環境の心理学―人間行動遺伝学入門』培風館。
（2）アンジェラ・ダックワース（2016）『やり抜く力 GRIT（グリット）―人生のあらゆる成功を決める「究極の能力」を身につける』神崎朗子訳、ダイヤモンド社。
（3）Thornton, A., & McAuliffe, K. (2006) Teaching in wild meerkats. *Science* 313: 227-229.
（4）Thornton, A., & Raihani, N. J. (2008) The evolution of teaching. *Animal Behaviour* 75: 1823-1836.
（5）赤木和重（2004）「一歳児は教えることができるか―他者の問題解決困難場面における積極的教示行為の生起」『発達心理学研究』一五：三六六-三七五頁。
（6）Lancy, D.F. (2010) Learning 'from nobody': The limited role of teaching in folk models of children's development. Childhood in the Past. *An International Journal* 3 (1): 79-106.
（7）ジョン・ロールズ（2010）『正義論 改訂版』川本隆史・福間聡・神島裕子訳、紀伊國屋書店、一三七頁。

第5章 発達研究における出生コホート研究の意義

山縣然太朗

1 はじめに

コホート研究とは集団（コホート）を追跡して、原因と結果の関係（因果関係）を明らかにする医学研究の研究手法である疫学研究の一つの方法です。出生コホート研究（birth cohort study）は、生まれてきた子どもを追跡調査して、発育・発達や健康状態、病気の発生に関連する要因を明らかにするものです。昨今、胎児期および新生児期における環境の曝露が将来の健康に影響するというドーハド（DOHaD：後述）の概念が注目されており、それを明らかにする研究手法の一つが出生コホート研究で、人を対象とした研究である出生コホート研究の研究成果は社会実装するための科学的根拠となります。

子どもの発達過程を明らかにするために出生コホート研究は必須です。一方で、いくつかの課題があります。まず、子どもは発達過程にあるために、臨界期、感受期など、成人とは異なり、タイミングにより環境の影響の強さが異なるという概念を考慮して適切な解析モデルを構築する必要があります。次に、発達をどのように測定するのか、さらに、縦断的に解析するために、体重や身長のように年齢の違いを超えて妥当性と信頼性が担保された測定方法の開発が課題です。また、多くの因子が関与する発達の因果関係を解析するには多くの参加者に協力してもらう必要があり、そのために大規模、多施設共同研究が必要で、倫理的問題を含む適切な研究ガバナンスによって、参加者に信頼され、国民に支援される研究体制を構築することは最も重要な課題です。

本章では、ドーハド、出生コホート研究、およびこれらの課題について、筆者が経験した出生コホート研究を紹介することで解説します。

2 ドーハド（DOHaD）

ドーハド（DOHaD：Development origins of health and disease）は胎児期、新生児の臓器の形態や機能が環境の影響を受けやすい時期（Plastic phase）における環境曝露（環境にさらされること）が将来の健康に影響を与えるという概念です。これは、バーカー博士（Barker）が胎児期の曝露が成人期の健康にまで影響を与えることを提唱したこと（成人病胎児発症説：Fetal origins of adult disease）（Barker et al. 1989）[1]から始まります。

内科医で臨床疫学の先生であるバーカー博士は、一九八六年に出生時体重が小さい人に虚血性心疾患の死亡が多いことを発表しました。これに端を発して、胎児期の低栄養は成人期の肥満、高血圧、糖尿病などのリスク（危険因子）であることが多くの研究者によって明らかにされ、ドーハドの概念が構築されました。

ドーハドの概念は、オランダの飢餓事件として知られる一九四四～一九四五年のナチスによる食糧遮断により餓死者が二万人を超えたその年に生まれた人はその後、精神疾患や神経管閉鎖障害が多いことが明らかになっていることや、中国の大躍進事件である一九五九～一九六一年に起きた飢饉を胎児期に経験した人の精神疾患のリスクが二倍である事実もその事例とされています。

ドーハドに関与する要因は胎児期、幼少時の栄養、化学物質、ストレスといわれており、その機序（メカニズム）は、環境の曝露がＤＮＡの配列は変えないが、メチル化というＤＮＡの変化などを起こして、遺伝子の発現の変化が起きることによって健康に影響を与えるというエピジェネティクス（Epigenetics）という現象であることがわかっています。しかし、どのような環境要因がどの臓器にどのように影響を及ぼすかといったことは、まだ解明の途上にあります。

3　コホート研究とは何か

疫学研究は人を対象として、健康に関する因果関係を明らかにするために、頻度と分布を測定してそれを解析する研究です。観察研究と介入研究があり、コホート研究は観察研究のひとつの方法です。要因に曝露している集団と曝露していない集団を追跡して、後の健康問題と曝露要因との関係を検討するものです。十字軍時代の騎馬隊（集団）の呼称であるコホートが名前の由来です。例えば、喫煙をしている人たちの集団と喫煙していない人たちの集団を一〇年間追跡して、喫煙集団が非喫煙集団に比べて肺がんに罹患した人が多かった、すなわち、相対危険が高かったので、喫煙は肺がんの危険因子であると考えられるといった研究です。コホート研究は因果関係を評価する上で必須条件となる、原因が結果の前にあるという「時間制」が担保されている点と寄与危険（曝露：exposure）を取り除いたときにどれだけ結果（outcome）を減らすことができるかを求められることに利点があります。一方で、時間と経費がかかること、まれな疾病についての因果関係を明らかにするには大規模な調査が必要なことが短所です。

4 出生コホート研究

出生コホート研究は、あらかじめ胎児期、幼少期の環境や生活習慣を観察（測定）しておき、その子どもを追跡し、後の健康状態を観察（測定）して、その関係を統計学的に解析します。これらの情報は、妊婦の研究参加者を募集して質問表による調査や、臍帯血や末梢血などの生体試料採取によって収集され、子どもの成長とともに健康状態の情報を収集します。

これらの情報収集には参加者のご協力が不可欠ですが、とくに収集が難しい情報は子どもの健康状態、病気にかかったことの情報です。その点で、デンマーク、ノルウェーなど北欧の国は疾病登録（病院を受診した記録）などの国の仕組みが整備されており、これを活用した一〇万人規模の研究が行われています。

英国ではコホート研究の歴史が古く、一九四六年から出生コホート研究が行われて以後、いくつかの出生コホート研究が立ちあげられています。とくに一九五八年の出生コホートは約一万七〇〇〇人のコホートで、現在、対象者が六〇歳になっており、幼少時の社会経済的状況と成人期の生活習慣病との関連など多くの成果が出ています。

一方で、この数年以内に開始した一〇万人規模の出生コホート研究である米国のNational

Children's Study、英国のLife Studyは資金不足や参加者の不足で中止に追い込まれています。その中にあって、わが国の環境省による「子どもの健康と環境に関する全国調査（エコチル調査）」が注目されています。

筆者は三〇年間にわたって実施している乳幼児健診を基盤にした出生コホート研究である「甲州プロジェクト」のほか、科学技術振興機構、社会技術研究開発センターの「脳科学と社会」研究開発領域の「日本における子どもの認知・行動発達に影響を与える要因の解明」、環境省の「子どもの健康と環境に関する全国調査（エコチル調査）」にかかわっています。

5 乳幼児健診による出生コホート――甲州プロジェクト

甲州プロジェクト（日暮 1999）[2]は一九八七年に開始した地域保健活動を基盤とした出生コホート研究です。甲州市の事業として実施されており、妊娠届出時から、乳幼児健診において質問票による調査を実施しており、二〇〇七年からは思春期調査として小学校四年生から中学校三年生を対象に加えて調査をしています。甲州市は人口約三万五〇〇〇人で果樹栽培が主な産業であり、出生数はここ五年の平均が約一八〇人です。乳幼児健診は集団検診のためにほぼ全員が受診しています。小学校六年生までの追跡率は八〇％程度です。これまでに約七〇〇〇人のデータの蓄積があります。

　甲州プロジェクトでは妊娠中の喫煙が幼児期、思春期の肥満の危険因子となることを明らかにしました（Mizutani et al. 2007[3]; Suzuki et al. 2012[4]）。すなわち、妊娠届け出時に喫煙をしていると回答した母親から生まれた子どもは出生時には低出生体重児になる可能性が高いのですが、幼児期、思春期にはむしろ肥満になる可能性が高いということで、これは前述のドーハドの概念を疫学研究で明らかにしたものです。最近、子どものスマホやネットゲームの過度の使用によるの健康問題が注目されていますが、甲州プロジェクトでもこの問題について調査をして、ネット依存の傾向にある児童・生徒は二四時以降の就寝が多いことや、うつ傾向との関連を明らかにしました（図1）。

　甲州プロジェクトで得られた成果はパンフレットなどを作成して地域の母子保健に還元されています。また、地域の広報誌で成果を紹介して広く市民に広報しています。

　二〇一五年には甲州市と山梨大学は包括的連携協定を提携して、甲州プロジェクトを協定の中心事業として位置づけました（図2）。

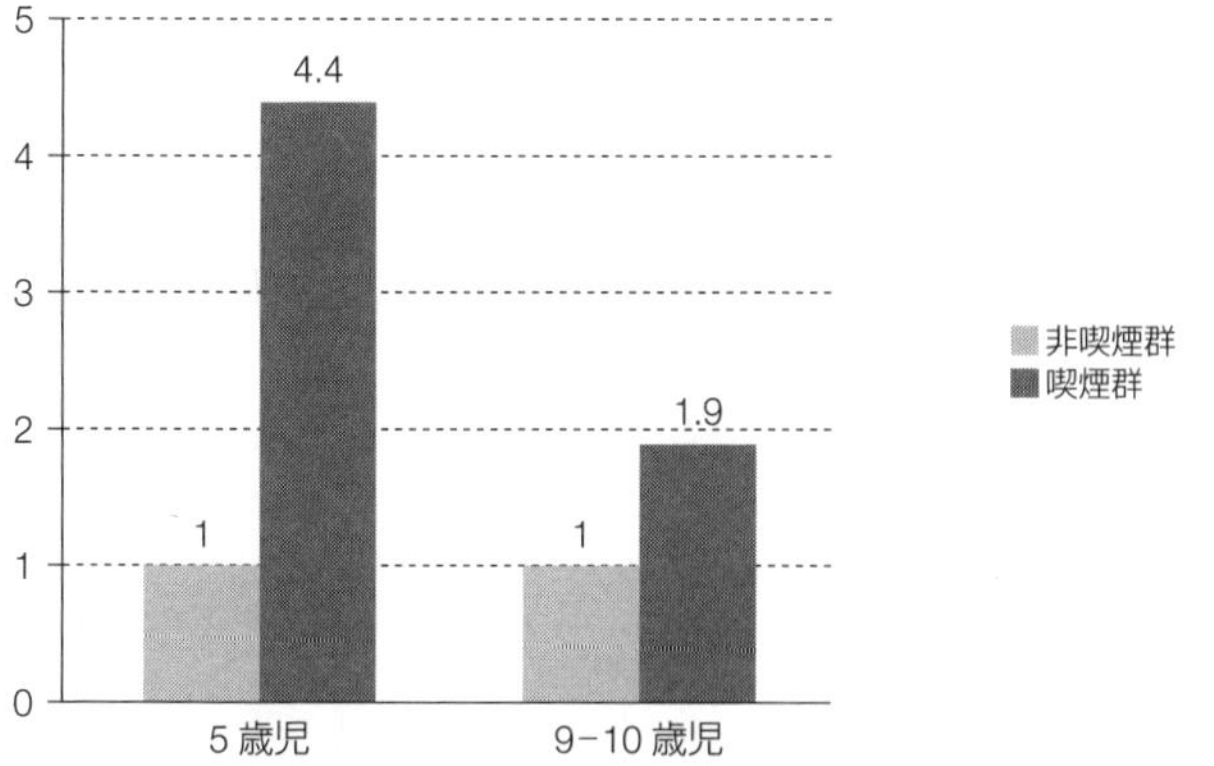

図 1　妊娠初期の喫煙と子どもの肥満

妊娠初期に喫煙していた妊婦から生まれた子どもは、喫煙していなかった妊婦から生まれた子どもに比べて、5 歳の時に 4.4 倍肥満になりやすく、思春時には 1.9 倍肥満になりやすい。

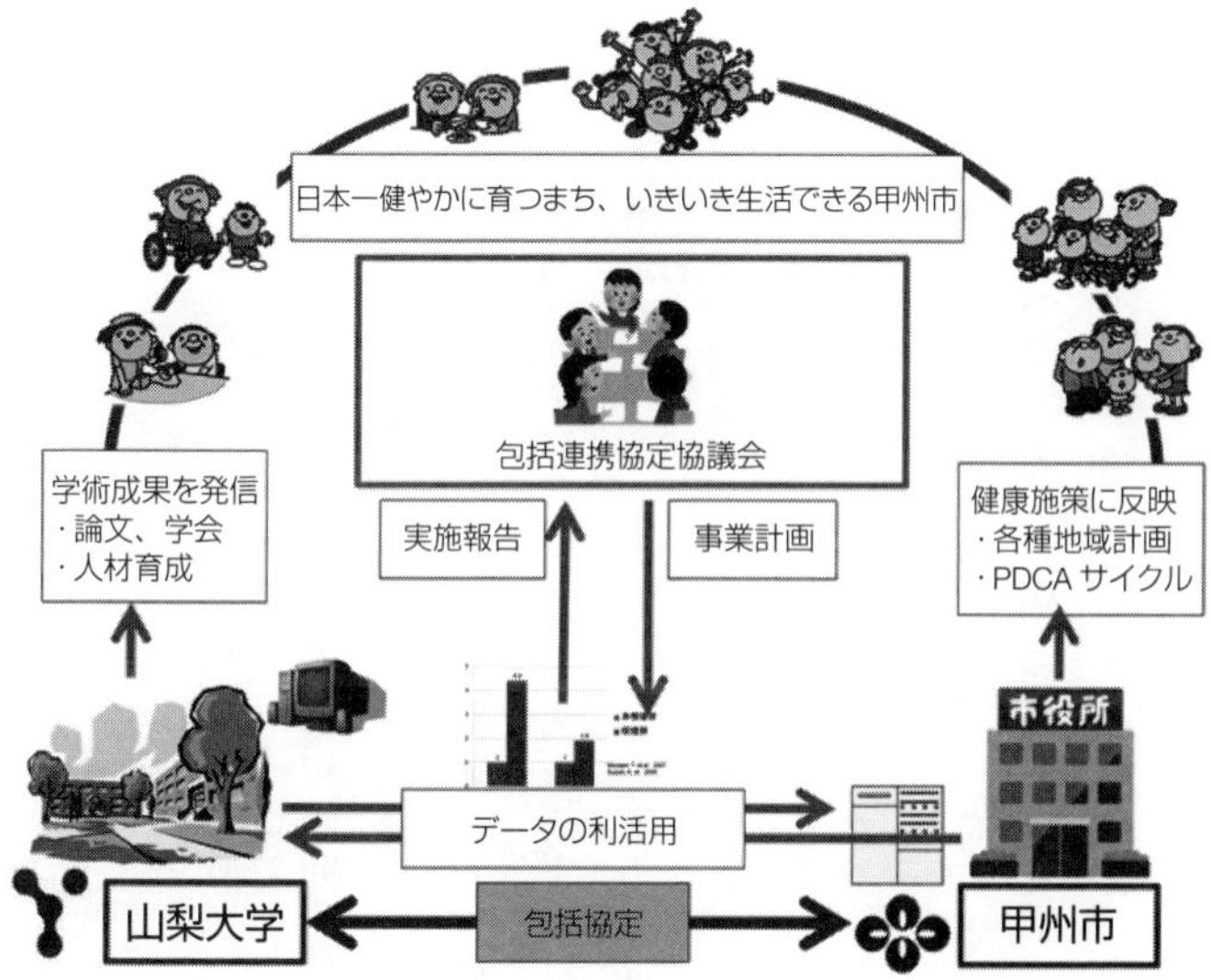

図 2　甲州市と山梨大学の包括的連携協定（2015 年 11 月提携）

6 脳科学領域の出生コホート研究——すくすくコホート

すくすくコホートはわが国で始めて行なわれた子どもの心の発達についてのコホート研究です(Jefferis 2002)[9]。独立行政法人科学技術振興機構の推進する社会技術研究開発事業、研究開発領域「脳科学と社会」の計画型研究である「日本における子どもの認知・行動発達に影響を与える要因の解明」の中で、子どもの社会性(sociability)の発達の解明を目的とした出生コホートであるJapan Children's study(通称:すくすくコホート)が実施されました。すくすくコホートは、パイロット研究を経て、大規模長期縦断研究へ移行する予定でしたが、中間評価で、大規模コホートに向けてさらなる準備が必要とのことから、二〇〇九年三月までパイロット研究として立ち上げたコホート研究を継続して行い、大規模長期コホート研究のための知見を蓄積することとなりました(Yamagata et al. 2010)[5]。

すくすくコホートは脳科学を基盤としたコホート研究として次の特徴をもちます。①コホート研究手法を用いた経年的なデータを解析する、②脳科学・小児科学・発達心理学・教育学・疫学・統計学等の領域架橋研究として行う、③新たな環境評価法・観察法・計測法・統計解析法の開発を行う、④貴重な学術的、社会的貢献が期待されるという点です。研究統括と統括補佐が研究の運営を行い、研究グループとして、地域コホート研究グループと発達脳科学研究グループおよびこの二つの研究を包括して支援する研究グループを基本とした研究体制をつくり、運営委員会、研究会を毎月開催して研究を遂行しました。地域コホート研究グループである大阪・三重・鳥取では、短期コホート研究の継続によるデータの収集と発達パターン等の解析および研究協力者への還元を行いました。発達脳科学研究グループでは、神経行動観察・発達心理・認知実験・ニューロイメージングの領域でそれぞれの発達脳科学研究を行うとともに、架橋領域研究のあり方を検討しました。支援研究グループ（指標開発・行動計測・情報統計・脳神経倫理研究）では、地域コホート研究の調査観察手法の開発、地域コホート研究と発達脳科学研究を包括したデータ管理、統計解析および新たな統計解析手法の開発、脳神経倫理研究を行うことを役割としました。

基礎研究と疫学研究の融合した成果としては、基礎研究で「ほめること」が金銭報酬などと同様に報酬系に関連する脳の領域と一致していることを脳イメージング研究で明らかにし、コホート研究で親が子どもを「ほめること」が一八か月、三〇か月の子どもの社会性の発達を促していることを明らかにしたことが特筆されます（図3）。

本研究は同時に今後企画される大規模コホート実施にあたっての多くの知見を得ることも目的とされました。大規模領域架橋型の研究における研究ガバナンスの重要性、地域や医療機関との

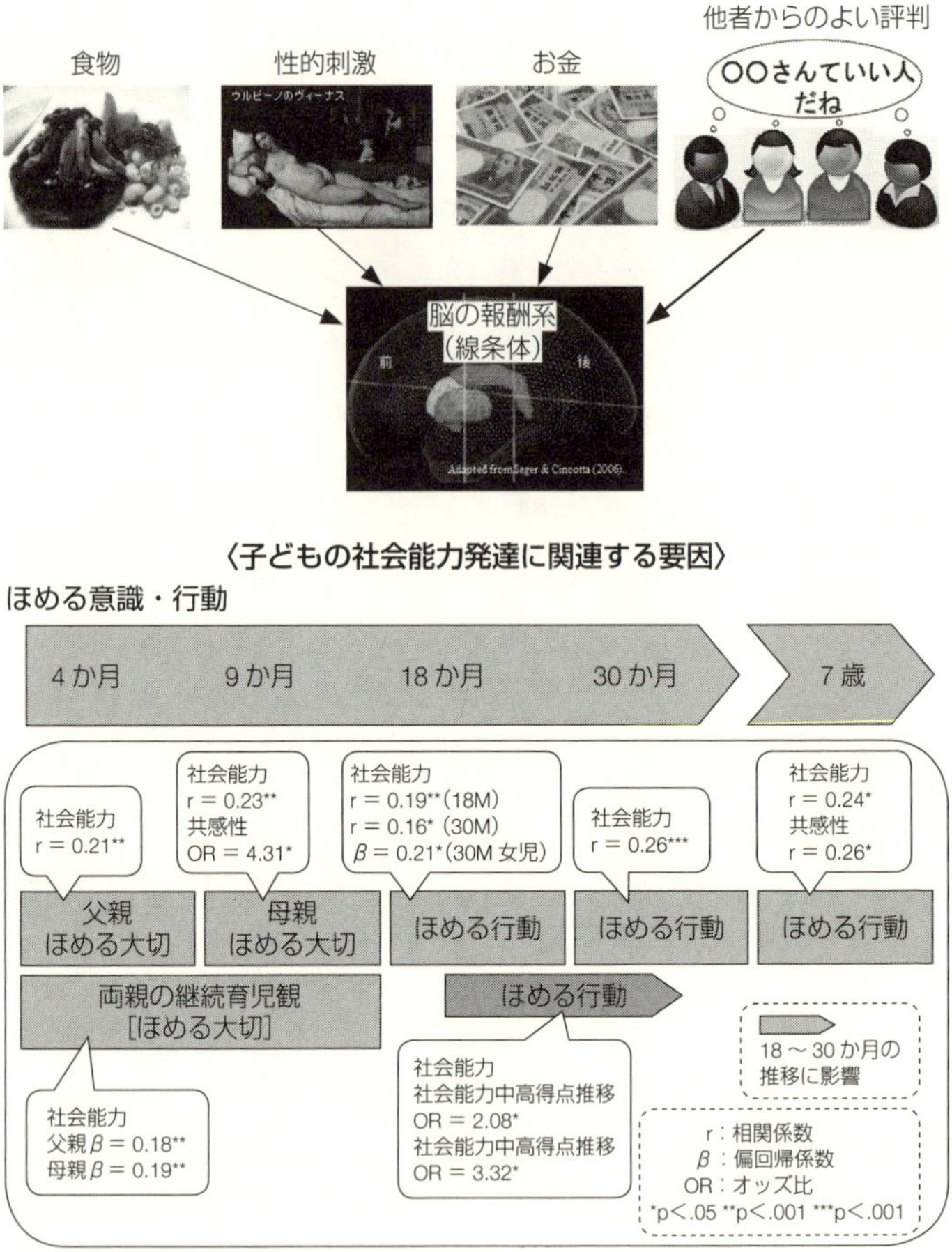

図3　報酬系と子どもの発達（「すくすくコホート」成果報告より）
子どもをほめて育てることと社会性の発達には関連がある。

連携のあり方、追跡率向上の手法、偶発所見（incidental findings：研究目的以外の病気などの発見）への対応や結果の公表方法などの新たな研究倫理の課題、繰り返しデータの蓄積の困難性と統計モデルの構築、データアーカイブ化（得られたデータの他の研究者との共有）などが挙げられます。これらの知見は後述するエコチル調査の計画段階から寄与しました。

7 エコチル調査の開始

エコチル調査は環境省が行う「子どもの健康と環境に関する全国調査：Japan Environment and Children's Study（JECS）」で、全国から一〇万人の妊婦をリクルートし、生まれてくる子どもが一三歳になるまで追跡して、環境と健康との関連を明らかにする大規模出生コホート研究です（図4）。とくに、妊娠中や幼少期の化学物質や生活環境による曝露と先天異常やアレルギー疾患、発育状況、発達障害などとの関連、すなわち小児期の化学物質による県境影響やドーハドの解明をめざしています。研究期間は二〇一〇～二〇三〇年までが予定されています（Kawamoto et al. 2014）[6]。研究費は総額八八〇億円になる一大国家プロジェクトです。環境省が予算を確保し、国立環境研究所がコアセンター、国立成育医療研究センターがクリニカルサポートセンター、全国一五のユニットセンターと協力医療機関、行政が共同して実施しています。二〇

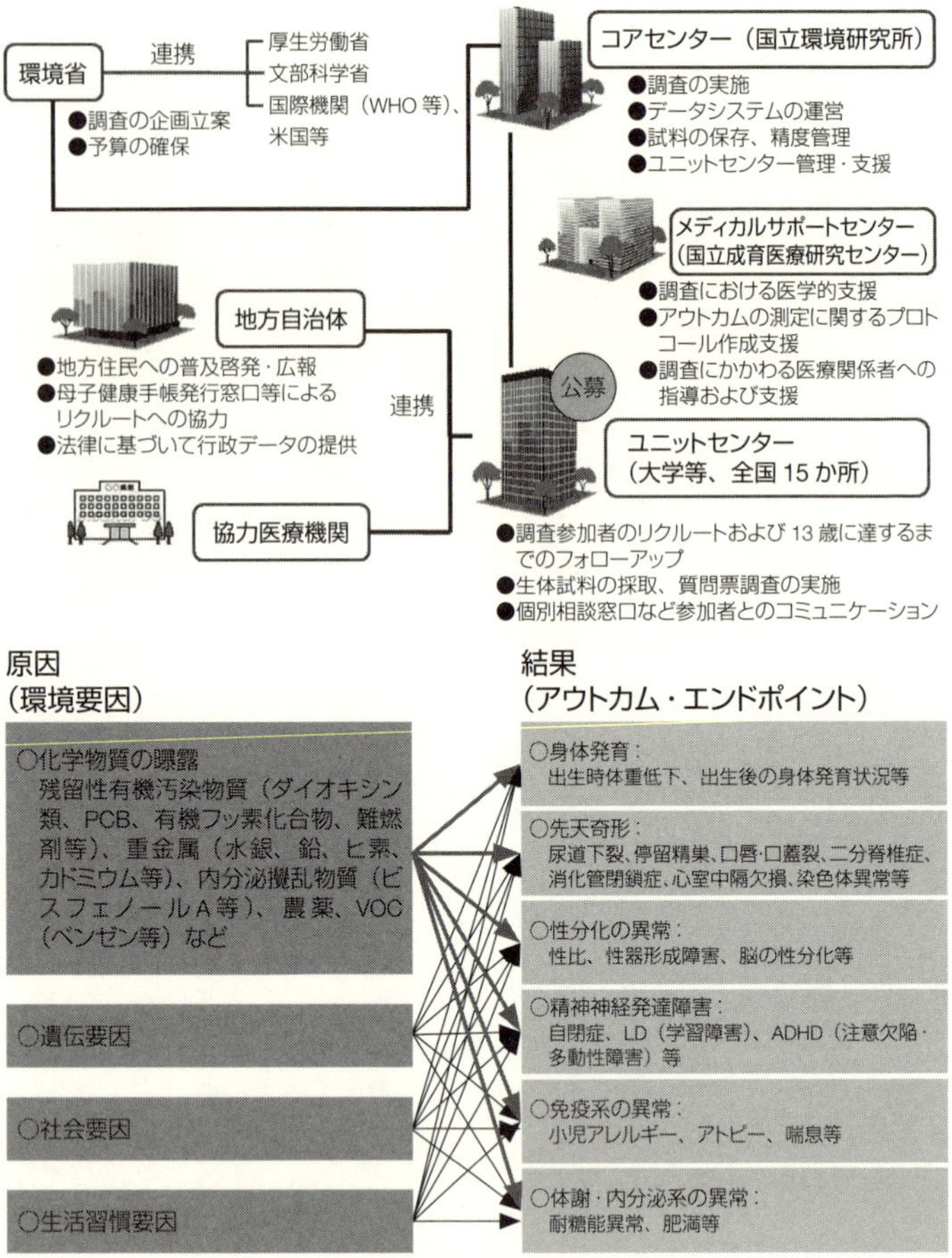

図 4　エコチル調査の研究体制と研究の中心仮説

中心仮説は「胎児期から小児期にかけての化学物質曝露が、子どもの健康に大きな影響を与えているのではないか？」を問うている。

一一年一月から約三年の参加者募集が二〇一四年三月に終了し一〇万人の妊婦のリクルートを達成しました。二〇一八年四月には最初の年に生まれた子どもたちが小学校に入学しました。

収集する情報として最も重要な試料は臍帯血です。臍帯血中の化学物質を主な曝露要因としてその後の健康状態との関係を解析します。曝露要因としては他に食や住居環境などを測定します。健康状態は先天異常、身体発育、アレルギー、性分化の異常、精神発達障害、耐糖能異常などです。さらに、遺伝要因、社会要因、生活習慣について中心仮説の交絡因子として測定するとともに、これらを曝露要因とした副次的な解析も行うことになります。疾病の把握は六か月に一回の調査票に記載された受診医療機関への調査で、主治医に調査票の記載を依頼しています。

本研究は一〇万人に対する本調査に加えて、五〇〇〇人による詳細調査を実施しています。内容は家庭内の環境測定と子どもの小児科診断および発達の測定です。発達の測定は新版K式を採用しました。

これまで、妊娠中の喫煙と出生体重の関係、妊娠中の魚の摂取と妊婦のうつとの関連などの成果が出ています（エコチル調査ホームページを参照[7]）。

8 生涯を通じた因果関係モデルと統計解析

発達研究を出生コホート研究において検討する際に、①臨界期の概念、②リスクの蓄積、③リスクの修飾をふまえて因果関係モデルを考える必要があります（図5）（Pickles et al. 2007）[8]。これらは複雑で取り扱いの困難な課題です。リスクの蓄積については基本モデルとして四つのモデルが考えられています。すなわち、異なる曝露要因が、独立して蓄積してある健康問題に影響を与える（モデル1）、リスクのクラスターによる影響（モデル2）、モデル3とモデル4は生涯の早い段階のリスクが、後のリスクに影響を与えるものです。モデル4は曝露が次の曝露に影響を与えるChain of riskやStepping stone effectsと呼ばれているものであり、モデル3はモデル2とモデル4の複合的なモデルです。また、リスクが実際に健康に影響するまでには、病気を発症させるまでの誘導期間（induction periods）や病気が顕在化するまでの潜在期間（latency periods）を考慮する必要があります。

リスク要因は、遺伝要因、喫煙、飲酒、薬物、栄養、運動、休養などの個人の要因から、家族の社会経済的状況や地域の社会状況まで多岐にわたります。子どもの健康には家族の社会経済的状況が重要な要因となります。さらに、最近の社会疫学研究では地域のソーシャル・キャピタル

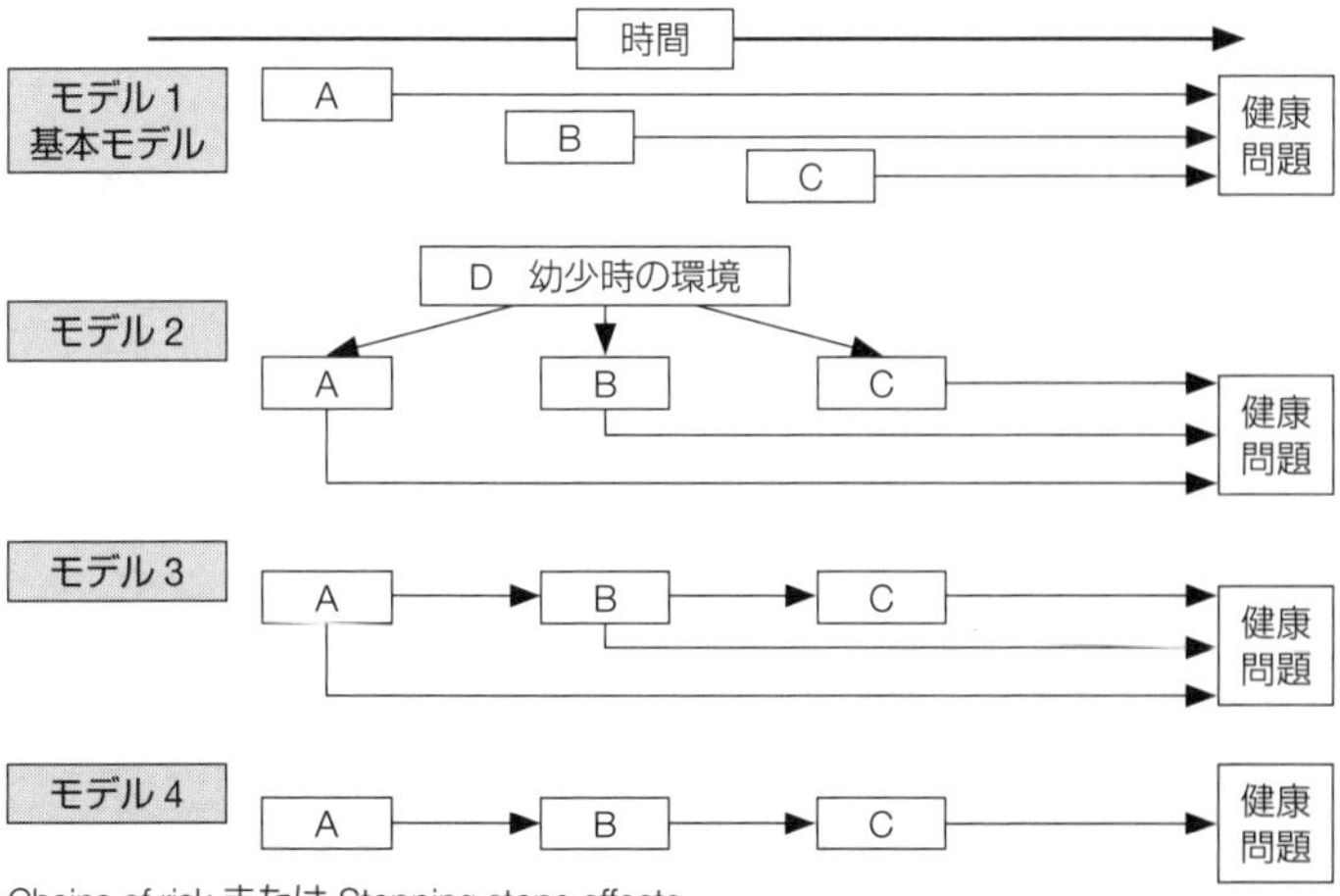

Chains of risk または Stepping stone effects

図5　曝露と健康問題の因果モデル

注：A、B、C、Dは曝露要因
出所：Pickles et al.（2007）[8]を参考に作成

（social capital）である人と人のつながりや団結力による信頼関係などが健康に対する重要な要因であることも明らかになっています。

統計解析の進歩やビッグデータ解析は、これらの多岐にわたるリスク要因と縦断で得られた情報の統計解析を可能にしています。従来の二時点の解析や多変量解析に加えて、個人の繰り返しデータを用いて解析するトラジェクトリー（軌跡）解析や、個人のデータと環境とを異なるレベルにおいて解析できるマルチレベル解析として変量効果と固定効果を複合したモデル（mixed-effects model）などの統計手法は欠損データの処理も含めて出生コホート研究における重要な解析手法となっています。

9　国民に信頼される研究にするための研究ガバナンス

研究ガバナンスは、人を対象とする研究として国民の信頼を得て行う研究としての研究組織のあり方、最適な方法の選択、リスク管理・危機管理、倫理的側面を含め十分な体制で研究を実施することです。具体的には、研究計画書に基づいて、組織と決定プロセスおよび役割の明確化、各種標準手順書の作成、リスク管理・危機管理のあり方の検討、倫理問題の検討などを行うことです。

エコチル調査では、研究ガバナンスの重要性を認識して、運営委員会を最高決定機関にするなど決定プロセスを明確にしたり、参加者コミュニケーション専門委員会、学術専門委員会、倫理問題検討専門員会など各種委員会を設定したり、各種実施標準手順を作成しています。また、リサーチコーディネーター（ＲＣ）を各ユニットに配置して、リクルートや追跡調査など研究の実施にあたっています。ＲＣは研修会を受診して認定を受けた者が任務にあたれることとしました。研修会ではリクルートやフォローアップ向上などの技術的な研修とインシデントレポートの分析、共有などを行っています。また、各ユニットセンターの管理者に対する連絡会議と研修会を実施しています。また、毎月一回の全ユニットセンターとコアセンター、メディカルリサーチセンターとのインターネットによる会議を実施しています。参加者コミュニケーション委員会でのニューズレター発行に加えて、各ユニットセンターも広報を発行して参加者に情報を発信しています。また、環境省にもエコチルに関する委員会として、国際連携専門委員会、戦略広報専門委員会を設置して国際連携としての国際シンポジウムの開催や関係機関や国民との対話としてシンポジウムを開催するなどの活動を行っています。

10　白玉探しの出生コホート研究

疫学研究の多くは健康に関する危険因子を明らかにすることです。しかし、出生コホート研究の目指すものはそれだけではないと考えています。出生時の健康上の不利や小児期の環境は子ども自身にはどうすることもできないことです。しかし、出生時の不利は生涯を通じて大きな影響を及ぼすことを、Jefferis ら（Jefferis et al. 2002）[9]は生涯環境と結果モデルをゲームで表現しています。ゲームのルールは袋に白と黒の玉を入れ、中を見ずに一つ取り出し、次に取り出した色と同じ色の玉を二つ中に入れます。こうしてゲームを繰り返すと、最初に取り出した玉の色が増えていく確率が高くなります。しかし、まれな選択や介入（中を見てあえて少ない色の玉を取り出す）によって状況が変わります（図6）。

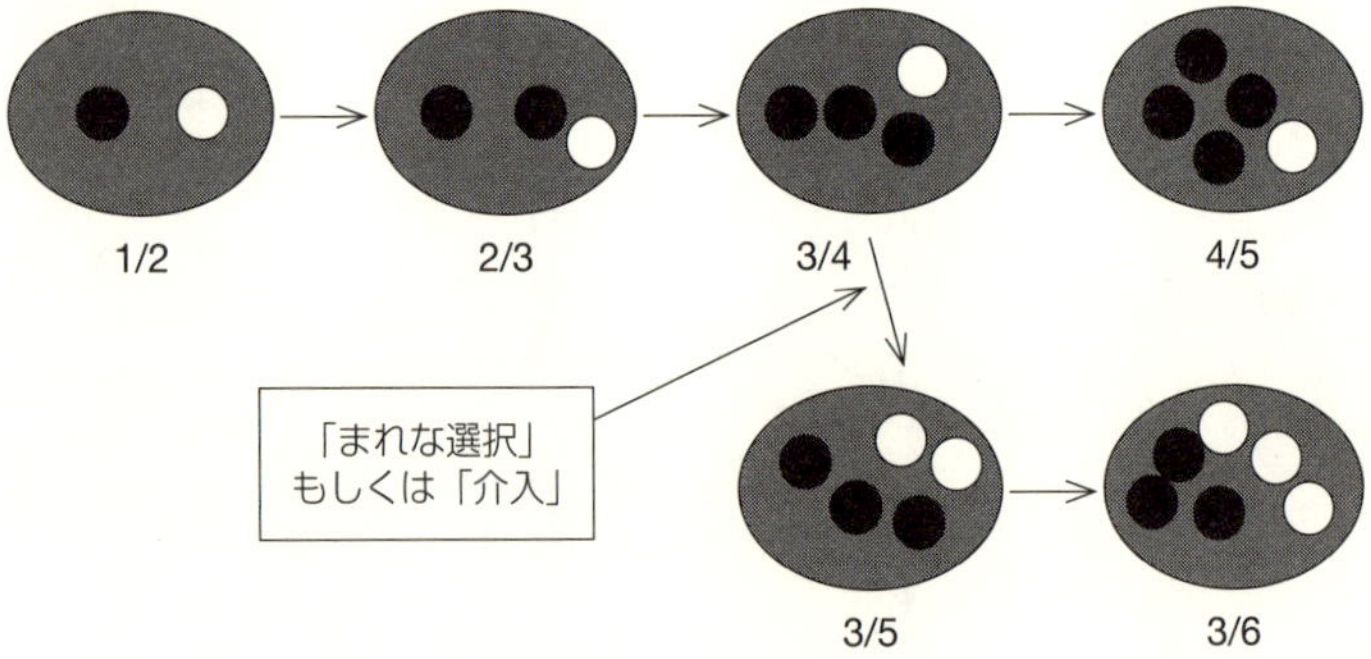

＊ルール：袋から玉を１つとってその同じ色を玉を２つ袋に入れる

「白玉探しの出生コホート研究」

最初の選択がのちに大きく影響する。

しかし、白玉を見つけ、介入することでその影響を取除ける可能性がある。

図６　生涯の環境と結果モデル
出所：Hertzman C（2007）を著者改変

出生コホート研究はこの黒玉と白玉を明らかにして、黒玉を除くことや白玉による介入を行うことで、胎児期や新生児期の曝露影響を最小限にすることを目指すことにもあります。私はこれを「白玉探しの出生コホート研究」と呼んでいます。

11　おわりに——参加者の研究参加の重要性

発達研究において因果関係を明らかにする観察研究として、出生コホート研究は有用な手段です。今後は、全ライフステージをカバーしたライフ・コース・リサーチを構築し、それが医学のみならず、教育学や経済学の研究基盤となるとともに、そこから創造された知見が、政策に応用される政策基盤となることを目指す必要があります。

人を対象とした出生コホートを含む疫学研究や臨床研究を行うにあたって、研究対象者・研究参加者の研究参加（participant involves）の重要性がいわれるようになりました。これは、研究参加者へ適切な情報提供を行うことはもちろん、研究計画や成果の還元方法等を研究実施者が研究参加者とともに行おうとするものです。研究する者とされる者という関係から、両者が一緒に研究プロジェクトを運営することが、透明性のある国民に信頼され、応援される研究の推進に重要であるという認識のもとに、研究参加者の研究参加を具現化することが必要です。

文献

（1）Barker DJP, Osmond C, Winter PD, Margetts B, Simmonds SJ（1989）Weight in infancy and death from ischaemic heart disease. *Lancet* 2（8663）: 577-580.
（2）日暮眞（1999）「健康調査の一手法」『保健の科学』四一（一一）。
（3）Mizutani T, et al.（2007）Association of maternal lifestyles including smoking during pregnancy with childhood obesity. *Obesity* 15（12）: 3133-3139.
（4）Suzuki K, Kondo N, Sato M, Tanaka T, Ando D, Yamagata Z（2012）Maternal smoking during pregnancy and childhood growth trajectory: a random effects regression analysis. *J Epidemiol* 22（2）: 175-178.
（5）Yamagata Z, et al.（2010）Overview of the Japan Children's Study 2004-2009; cohort study of early childhood

development. *J Epidemiol* 20（Suppl 2）: S397-S403.

（6）Kawamoto T, et.al.（2014）Rationale and study design of the Japan environment and children's study (JECS). *BMC Public Health* 14: 25, doi: 10.1186/1471-2458-14-25.

（7）エコチル調査ホームページ　http://www.env.go.jp/chemi/ceh/

（8）Pickles A, et.al.（2007）*Epidemiological Methods in Life Course Research*. Oxford University Press.

（9）Jefferis BJ, Power C, Hertzman C（2002）Birth weight, childhood socioeconomic environment, and cognitive development in the 1958 British birth cohort study. *BMJ* 325（7359）: 305.

第4部

みんなちがって
みんないい

第6章 幼児教育の現状と今後

無藤 隆

「幼児教育の現状と今後」という問題は、とくに、「幼稚園教育要領」と「保育所保育指針」と「幼保連携型こども園教育・保育要領」について同時並行的に改訂作業が行われ、これが二〇一七年三月末日に告示となったことを一つの区切りとし、新たな出発点として位置づけることで、明確になりました。そのことを解説したいのですが、前半で心理学的な背景とか幼児教育などにかかわるエビデンスにからむ部分を少し述べたいと思います。後半で話したいのは、「非認知的な能力」とか「非認知的なスキル」、「社会情動的スキル」と呼ばれているものについてで、とくに、ここ一五年ぐらいからその重要性が非常に強調されるようになってきています。それは世界的な動向で、有名な経済学者ヘックマン（James Joseph Heckman）がその論文で鮮明に提案された考えでもあります。その流れを少し解説します。

1 幼児教育とは

私は、「幼児教育」という言葉を、幼稚園、保育園、認定こども園の保育と同じ意味で使っています。幼児教育は乳児も含みますが、ここではそういった施設の保育と考えてください。この数年で幼児教育という言葉の定義を文科省がそういうかたちに変えましたので、それが広がっています。

この分野は、他の教育分野に近い面も、だいぶ異なる面もあります。簡単にいうと、政策に非常に依存をする部分、一方で、それを実際に動かす実践の部分がありますが、これは「要領」では実際にどう保育するかということです。

それとともに、研究ベースの部分があります。安梅先生の研究をはじめ、日本でも、エビデンスといってもいろいろな種類のものがありますが、広い意味でのエビデンスに入り得るようなデータを集めていく。この三つからなる三角形を描けると思います。

実際に、幼稚園や保育園などでどうやっているかという中で、優れたものも出てくるわけです。優れているか優れていないか、その範囲は非常に直感的ですが、直感的であるということは、必ずしもいいかげんだということではありません。例えば、諸外国でイタリアの「レッジョ・エミリア（Reggio Emilia approach）」とか、ニュージーランドの「テファリキ（Te Whāriki）」とか、アメリカのあれこれ（「発達的に適切な実践」や「ハイスコープ」その他各種）だとか、スウェーデンのあれこれ（例えば、レッジョ・インスパイアッドという流れ）だとかというものがあります。日本でも幼稚園・保育園の優れたといわれるものがさまざまありますが、それは大体、誰が見ても優れているわけで、直感的といっても、単に、「誰かがよいといったよ」という話ではないわけです。

そういうものとしての実践のよさがあり、とくにこの五年ぐらいだと思いますが、急激に実践が動いています。保育者が勉強する機会も増えているし、単に知識を増すだけではなくて、幼保の実践そのものを変えていくための、例えば、園内研修であるとか、公開保育の場であるとかも増えてきています。昔からあるものではありますが、とくにこの五、六年、非常に積極的な地域や園が全国各地で、私の感覚でいうと毎年数%ないしそれ以上増してきていると思います。

一方で、学校教育もそうですが、実践が、制度そして政策あるいは政策を生んだ政府や自治体に依存しているわけです。その枠により、形がつくられている。日本では、当たり前ですが、補助金で動いています。それから、「幼稚園」「保育園」「認定こども園」は名称独占なので、そこら辺の公園でよい保育をやっていても、それは幼稚園でも保育園でも認定こども園でもないわけです。

だから、広い意味で、そういう所でやっているさまざまなグループをどう評価するかということや、家庭でのベビーシッターをどう考えるかなど、いろいろ問題はありますが、この際それを別にすると、制度によってきわめてがっちり決まっているわけです。逆にいうと、その制度を動かすことによって、また、その補助金を変えることによって、実態が大きく影響されていくことは明らかです。

これは具体的には、首都圏では保育所が足りないとか、増やしているとか、保育士を増やさないといけないとか、離職を防がないといけないとか、あるいは、こういう民間の保育士や幼稚園の給与や給料を上げないといけないとかで、実際に動いていくわけです。例えば、民間の認可施設の保育士、幼稚園教諭の給料は、ここ五年以上で、ほぼ一〇%以上は上がってきているでしょう。かなりの改善だと思いますけれども、元が低いのでそれだけ上がっても低い水準です。なお、地方のとくに非正規の職員については、そのようになっているとは必ずしもいえません。

とくに、施設、設備等の最低基準をどうつくるか。例えば、保育士一人当たりの子どもの数はどういうふうに決めていったのかなど、さまざまな問題があります。それは、あくまでも最低基準ですので、もっとよくしてもいいのですけれど、そういったことを決めていきます。

この政策面においても、日本の幼保の歴史の中で、明治、大正までさかのぼると、制度が確立していないのでややこしいですが、戦後の昭和二四、五年ぐらいから考えると六十数年経っています。たぶん、いろいろな意味で、今は最大の変革期のときにいます。認定こども園もいくつかのタイプがありますが、幼稚園も私立幼稚園については、私学助成という従来のかたちに対して、新しい制度の下に入るものがあります。つまり幼稚園も二種類あるわけで非常に複雑ですが、ともかく幼稚園、保育園、認定こども園、その他も含めた制度ができて、主たる管轄が市町村に移ったことが、戦後最大の制度的変革となります。

それから、補助金が増える。この新制度の発足に伴い、数年かけて、七千億を超える予算を新たに確保しています。財政の厳しい日本で画期的なことです。

これは日本に限りません。世界的に今、幼児教育の制度、政策が激烈に動いています。国によって違うので、一九九〇年代から動き始めた所と、二〇〇〇年代に入ってからの所、二〇一〇年代に入ってからの所と、いろいろあります。アジア圏といっても基本的に私たちがわかるのは、韓国と中国の北京、上海などの大都市部、台湾、シンガポール、マレーシア、ごく最近ベトナム、タイ辺りが幼児教育に入っていきましたが、急激に変革しています。

日本は、幼児教育の歴史や保育は百数十年と長いです。そういう意味では先進国ですけれども、別な意味では日本は立ち遅れてきていると、政策にかかわる人たちには非常に焦りがあります。

なぜ、そんなに急激に実践も変わり、政策、制度も動いてきたのか。日本の中でみれば、待機児問題のように、保育所が必要になったという目の前のことがもちろん非常に大きな影響を与えていますが、もう一つ、世界的には研究が非常に大きなインパクトを与えたといえると思います。

2 幼児教育の研究ベースとは

日本は研究面で世界にあまり貢献できていません。これは、やはり研究者の怠慢です。私などが批判される立場なのは半分そのとおりですが、同時にもう半分は、巨額の予算を取ることが幼児教育の分野では非常に難しいものですから、できなかったことの弁解をすればそういう理由になります。

世界的には大規模な研究がたくさん出ています。主にどういうものかというと、スタートは一九九〇年代のものともっと以前からのものと、いろいろですけれども、幼児教育の効果を見るものがかなり出てきたわけです。詳しく知りたい方は、例えば、東京大学出版会の「保育学講座」が完結していますので、そのどこかを開けば出ていると思います。

しばしば引用されるのはアメリカの経済学者のヘックマンで、その基にある幼稚園、ヘッドスタート（Head Start）の中のペリー幼児教育プログラムです。一九六〇年代からスタートしているヘッドスタートの幼稚園がなぜそんなに有名かというと、四〇年以上追跡しているということはもちろん、その基がしっかりできていたからです。

ヘッドスタートの幼稚園にあるプログラムは、正確にいえば幼稚園と家庭訪問のプログラムを組み合わせたスタイルですけれど、そこに入る人と入らない人をランダムに決めています。そこは、非常に貧しい地域だそうです。アメリカで「貧しい」というのは日本と桁が違う。研究の基準が、「刑務所に入る」とか「入らない」とかにあります。「刑務所に入る率がこんなに下がった」といっても、ゼロじゃありません。そういうレベルで、高校を中退しないで家にいるといったことが当然のような地域です。

日本も最近そうですが、アメリカでは高校を卒業しないとろくな職に就けません。例えば、保育士試験を受けること一つとっても高校卒だけではダメです。現実には、高校卒プラス・アルファが必要です。

昔々は高校卒で取れたと思いますが、今は、どんどん学歴が上がってしまいます。そういうことがあるから、日本でも高校中退の人たちが深刻な問題を抱えてしまいますけれど、アメリカはもっとそうです。ともあれそういう中で、幼児教育の効果というものが出されてきた。

もう一つ有名なのはイギリスの研究です。これも一九九〇年代にスタートしました。すでに中学校のデータが出ており、さらに継続して調査を行うのかもしれませんが、これは千人単位できわめて大規模です。その特徴は、単に発達研究ではなくて、さまざまなタイプの幼児教育施設、場合によっては、幼児教育施設に行っていないものも含めて比較をすることです。そうすると幼児教育施設の質を比べることができます。その後それがどうなったか。イギリスの研究は、さらに小学校、中学校など全部の質の影響を調べましたけれど、研究上の大事なポイントは、幼稚園、保育園などに入る前の家庭のレベルをしっかり押さえることです。その結果、幼児教育施設の質の高低がその後の学校での成績その他に影響することが見いだされました。しかもそれは、家庭の影響、小中学校の影響とはまた別に生じているのです。

次は比較です。比較をできる限りランダムに、ないしそれに近いかたちで取るということです。そうでないと、何か問題が生じます。例えば、日本で著名な幼稚園や小学校に入ったとしましょう。それらは優れた教育施設なのかどうかを調べるために、卒業生がこんなに立派ですよというデータを出せば、幼稚園の効果とか小学校の効果になるかというと、なっていないわけです。最初からよいものはよいのです。つまり、よい家庭の子が来ているだけなのではないか、となります。

これまでの日本の研究だとそういう自己選択効果がほとんどチェックされませんでした。これは、私たちの研究を含めての批判になりますけれど、実際にコントロールして研究するのは大変なことだということが理由にあります。それから、ランダムに割り当てることは実際にはきわめて困難です。来た子を、そのよい幼稚園・小学校と近所のどこかとランダムに割り当てられれば別ですが、それもなかなか難しいでしょう。

もう一つの問題として、幼児教育の効果は、基本的にきわめて家庭環境が低い層に高く出てくる傾向がありますけれども、そもそも、よい家庭からの子どもをさらによくするのはなかなか難しいのです。世界的にもそうで、ヘックマンの研究の基になったペリー就学前計画のプリスクールの地域は非常に「ひどい」からこそ、効果が鮮やかに出たのかもしれません。すでによいものを、もっとよくするというのは簡単ではありません。

何がよいかについては、かなり価値観の違いが大きいということになります。基準が非常に低いと、さすがに刑務所へ入らないほうがよいだろうとか、高校ぐらい出たほうがよいとか、算数ぐらい理解したほうがよいだろうとかいえます。誰でも、「それはそうだ」という基準として了解されるでしょう。しかしかなり上のレベルの基準になってくると、「そんなものどうでもよいでしょう」という意見も出てくるわけです。こうした価値観の違いが当然あるから難しいということもありそうです。

さらに、日本では、ほとんどの人は幼稚園、保育園に行っていますので、行かない人と比べることはできないはずです。これが、途上国とか、最近幼児教育が広がった地域だと園に行っていない人が多いので、比較可能です。ヘックマンの基になるペリーの場合、そういう地域では行っていなかったわけです。イギリスでも当時は行っていません。イギリスの場合には、日本風にいうととくに、三歳とか二歳は、親に任せるべきだという、愛着理論で有名なボウルビィ（John Bowlby）以来の親子の愛着を重視する立場が強いところがあり、幼児教育・保育への反対が非常に強かった地域なので、親グループによる保育なども結構あるようです。

そういうことから、子どもが家で養育されていると比較可能になり、それを、いろいろコントロールしなければいけません。ちなみに施設の幼児教育と親グループとを比較して、親の保育の方がよいというデータは世界中に出ていないようですが、一部の人にはなかなか受け入れられない話です。

日本の場合には、やはり研究ベースをしっかりつくるということができていないことから、筑波大の安梅先生や東大の秋田先生などが本当に頑張ってきました。トータルとして、やっと東大に保育研究のセンターをつくり、国立教育政策研究所に幼児教育の研究センターをつくって動き始めたということになりましたけれども、予算的には、まだまだ十分ではありません。また経済学者が興味をもって、保育の質の検証に乗り出してきています。

このように、日本の研究体制はよくありません。このあたりは韓国や中国に負けているという感じがします。韓国は、だいぶ前から国立の研究所をつくっており、数十名の体勢で研究しています。日本は、やっと国立の研究所に小さい部門ができたレベルです。研究員がまだ一、二名なのが、国立の難しさのようです。一人採用するのもなかなか大変なのが今の時代です。

3 研究ベースから政策へ

研究ベースは、一九九〇年代からの開始でしたが、かなりはっきりしてきたのが二〇〇〇年代、とくに、この十数年のことです。ヘックマンばかり有名ですけれど、ヘックマンは経済学者です。数理的、統計的な推計がすごく上手な人で、統計処理の工夫がたくさんあり、以前の研究でノーベル賞ももらっています。研究論文が非常に称讃されていますが、基のデータそのものは、ヘックマンが集めたわけではありません。そういうデータが世界中、いろいろな国から出てきて、これが、いろいろな意味で政策担当者に影響を与えたわけです。

そういうところで私は、たまたまいろいろ関わる役をさせられています。一〇年ぐらい前に政治家の集まりで幼稚園や保育園について説明した際、一人の政治家から、「自分も幼稚園を知っているけれど、幼稚園とは若い女の先生が楽しくやるものなんだよ」といった発言がありました。それは何をいいたいかというと、「経験年数は要らないだろう。数年で辞めればいいんだから」という話です。今は、さすがにそういう政治家の方はおられないと思いますが、必ずしもよく理解しているというわけではありません。しかし、今は少なくとも、そういうことを言ってはいけない、ということを政治家は学習しました。

これが、時代の趨勢です。幼稚園、保育園の先生は頑張っていらっしゃる、われわれも努力します、という考えになりました。今、幼児教育の無償化というのを進めていますけれども、文部科学大臣は、義務教育ではないけれど、義務教育に準ずるものとして、準義務教育といった意味での無償教育をするのだと宣言しています。

無償教育というのは、小・中学校の義務教育に対して、幼児教育と高校教育の両方を無償にすることを目指すものです。今は所得による制限が入っていますけれど、高校のほうはすでに授業料が無償化されています。それに比べると、幼児教育の方は、消費税が一〇%になることに合わせて、三歳以上は幼稚園も保育所も基本的に無償にするということのようです。

このように、さまざまな動きが連動していることに非常に大きな意味があります。しかし当然、そこにはギャップもあるわけです。幼児教育の研究センターを国においてつくるというときに、大きな御旗として、「保育・幼児教育は大事だ」とか、「乳幼児の育ちは大事でしょう、保障しなきゃダメでしょう」という理屈が通るようにはなりましたし、それに多少のお金を付けますよと変わりました。そうはいっても、財務省の動きは厳しい。幼児教育のお金を増やすけれども、かわりに義務教育を減らしますといってくる。義務教育は義務教育で戦いがあり、懸命に予算を保持し、増額を図っています。

4 認知スキル、非認知スキルとエビデンス

研究ベースとして注目するのが、認知的な能力と非認知的能力です。非認知的とはどういうものかという話は、私の編集した本（『社会情動的スキルを育む「保育内容 人間関係」』北大路書房、二〇一六）にも紹介しました。

もとは、ＯＥＣＤ（Organisation for Economic Co-operation and Development：経済協力開発機構）の幼児教育グループの定義をそのままもってきていますが、「社会情動的スキル」や「非認知的スキル」と呼んだり、研究者によって呼び方はいろいろです。これが重要であるといっています。

今、少し話を単純にします。認知的というときに中心となるのがリテラシーと思考力です。「リテラシー（literacy）」は、読み書き能力と算数の計算力を中心にしています。実際にいろいろな研究があるといいましたけれども、大部分の研究がリテラシーを問題にしています。とくにアメリカにもヘックマン以外の研究がたくさんありますけれど、その中心はリテラシーです。イギリスも大体そうです。それは、必ずしも彼らがテストばかりやっているということを意味しません。

アメリカの小・中学生、高校生までの学校教育には、いろんな問題があるのでしょうけれども、一番深刻な問題は、高校中退をなくす、ないし減らすことです。とても単純にいうと、高校中退者のかなりは生活保護に入るか、犯罪をするしかありません。ですから、両方とも減らさなければいけないので大事です。

リテラシーに対して、思考力は、非常に広く「コンピテンシー（competency）」と呼ぶ場合もあり、もう少し正確な定義がありますけれど、大ざっぱには、考える力です。今回の幼稚園教育要領、保育所保育指針、小・中の学習指導要領は、ある意味でリテラシーだけではなく、思考力を非常に強調してきています。学習指導要領は、一〇年に一回改訂されるたびに、思考力の部分を強調してきたといえると思います。

このエビデンスが大事だということで、関連するたくさんのデータがありますけれども、思考力について、それをどう測定するかは厳密にいうと、なかなか難しいわけです。適切なテストや実験課題の開発はかなり困難を伴うので、そういう意味で、しっかりしたエビデンスがあるかというと、まだそう多くありませんけれども、それに近いさまざまなもので幼児教育の質を検討できています。

次いで非認知的な能力ですけれど、ここにどういうものを入れるかについて、研究者によって、国によって、あるいは研究グループによっていろいろな定義があって、まだ今のところ確定した定義はありません。実証的エビデンスのまとめを見ると、①子どもの目標を達成する力として、忍耐力、意欲、自己制御、自己効力感、それから、②他者と協同する力として、社会的スキル、協調性、信頼強化があり、そして、③情動を制御する力として、自尊心、自信、内在的や外在的な問題行動のリスクの低さなどがあげられます。これらを緩やかにまとめれば、多くの研究者の意見がほぼ一致することになると思います。一番目の「目標を達成する」と三番目の「情動制御」は非常に近く、基本的には情動面にかかわる能力です。

もう一つが社会性で、社会性は、単に人と仲よくする能力という意味ではなく、人との協力、協調、一緒の目標を追求するとか、協同的に問題解決するといった、知的な目標との関連です。これは、とくに学校教育を考えれば原則としてグループ学習にあてはまります。仕事も、グループで人と一緒にやる部分がありますので、そのための能力を含めることには異議は少ないでしょう。

情動面はいろいろな整理の仕方があります。ここで中心となっているのは意欲、忍耐力、自己制御などで、私はもっと平たく「意欲と意思」と呼んでいます。いろいろなことに興味をもつことと、興味をもって取り組むことについて粘り強く最後までやり遂げることです。こういうふうにかみ砕くと、昔からいわれていることばかりです。幼稚園教育要領などを見ても、同じように入っているので、当然ながら、幼児教育で以前から考えていることです。

ここで「意欲」が大事であることは、割とよくいわれ、日本に限らず世界中で「幼児期に意欲をもたなければ」といわれています。それに加えて重要なのが、「意思」です。ここでは忍耐力も入っていますが、自尊心とか自信とか、ある程度そういうものをもっていないと、めげてしまいます。実際に、すぐできないと途中でめげて、「もういいよ」となりがちです。例えば、こま回しで、頑張って最後にはこまを回せるようになっていきます。こま回しにはもちろん、運動スキルも関係します。でも、同時に何度も何度もやっているうちにこつをつかむわけです。また、積み木を積んでいくときに、高く積むのは、かなり根気が要る丁寧な作業です。いいかげんに積んだら崩れるから、一個一個丁寧に積んでいかないといけません。五歳児の子どもは一メートルくらいの身長ですから、大人の目の高さまで積むのに少なくとも二〇分ぐらいはかかるわけです。それだけに、ずっと一人でやり遂げるのは相当なことです。

要するに、途中で嫌になってしまっても、そこで自らを励ましたりする能力です。大人としては、「私なら絶対にやらないぞ」と感じ、途中で面倒くさくなってやめると思うものですが、やりたいことであれば、そういうことについてねばり強く取り組む。「頑張る」とは、そういうことです。

それを支える研究として、二つのことが関連しています。一つに、発達研究のさまざまなデータによるサポートがあります。もう一つは、幼児教育のいわゆるエビデンスが効果としてどのぐらい示されているかです。

発達研究についていうと、とくに意欲とか意思は、通常、ものごとに好奇心をもつという傾向が基にあります。これは赤ちゃんでも個人差がありますが、いろいろな要因を調べていくと、その中にリスク要因という、うまく育たないことの危険にかかわる要因がまずあります。それにもいろいろありますが、大体中心は個人の性格というか、気質に要因があって、その気質要因の中心が「否定的情動性」と呼ばれるものです。

否定的情動性は、英語で「ネガティブ・エモーショナリティー（Negative Emotionality）」といいます。例えば、大勢人がいる会場に連れてきて、すぐぐずるか、あやしても泣きやまなくなる子は、典型的にネガティブ・エモーショナリティーが強い子です。逆に、子どもが一〇人いれば、一人や二人はポジティブで穏やかな気質の子もいるわけです。これは、別に親が偉いわけではありません。いうなれば「親の遺伝子」が偉いのです。主には生まれつきなので、親の遺伝子の組み合わせでなったわけですから、親にとっては「幸運」です。

ネガティブ・エモーショナリティーがあると、大変だとは限りません。研究によると、一〇分の一か五分の一ぐらいがそういう子ですから、普通にいます。それをいかになだめるかが、乳幼児期は大事です。それの一番大きな要因としては、たぶん、愛着関係が関係しているでしょうが、「なだめ方」を広い意味で教えていかなければいけません。

そのスタート時期は乳児でしょうけれども、割と大事なのが二歳台のいわゆる反抗期あたりです。その時期は結構むずかり、泣きわめきます。おもちゃ売り場で「ギャー」、スーパーのお菓子の売り場でも「ギャー」となって、床で引っ繰り返るような子どもをたまに見ますけれど、あいう時期は二歳台に典型的です。それをうまくやり過ごしていかないといけませんので、非常に難しいとは思いますけれども、そこが一つ重要なポイントです。

もう一つ重要な時期が、満年齢で四~五歳ぐらいです。普通の幼稚園でのいい方だと、年中から年長にかけてぐらいです。この時期はいろんなルールに従っていく必要がでてきます。簡単にいうと、今、遊びたいよとなったときに、「給食だよ」とか、あるいは、おもちゃを一人でやっているときに、友だちと一緒に分けなければならないという具合に、幼稚園や保育園ではそういう機会がやたらとあるわけだから、とくに切り替える力がしょっちゅう試されているのです。そういう機会を得るという意味で、集団のよさがあります。

そういったことを通して、自分の気持ちをコントロールします。ここでは、これを「情動の制御」と呼んでいます。情動の制御は、一方で目標追求にかかわります。「こういうことがしたい」ということがはっきりあるからこそ、情動を制御する力が育ってきます。非常に広くいえば、二~八歳ぐらいになるのですけれど、もう少し狭くいうと、二~三歳、また四、五歳ぐらいに違う種類の抑制機能が働きます。これについては、神経科学で相当よくわかってきて、脳のコントロール機能の発達に関しては、今、膨大な研究が進行しています。

たぶん、そのあとに、思春期頃の問題があると思います。思春期の始まりぐらいに起こり、あまりよくわかっていません。脳の変化、ホルモンの変化で、抑制機能のさらなる発達が起こるようです。

いずれにしても、この種のデータがたくさん出てきたことが、強い証拠になってきていて、幼児教育がとても大事らしい、ということになった。家庭に任せていても、しっかりした親なら大丈夫ですけれど、そうでもない親がたくさんいる中で、例えば、幼児教育に預けて、さまざまな広い意味でのしつけというか、非認知的なスキルを伸ばしてくれるかもしれない、と期待されることになります。

それに対してリテラシーは、ある程度、数の基礎とか、言葉の基礎とか、読み書きとかをやっていこうという話です。とくに諸外国の貧しい地域を考えたとき、日本のように絵本が潤沢な国はあまりありません。日本は、絵本が多く出ているし、家庭で小さい時期から絵本を読む率がとても高く、どんな幼稚園、保育園に行っても絵本を読んであげられます。絵本が、貧しい地域だからないということはあまりありません。

しかし日本でも絵本の読み聞かせには「階層差」があります。かなり貧しいというところでも、絵本は少しはあるのですが、多少の家庭差はあるようです。大人の本はない家庭はあるかもしれません。大人とは親のことです。大人は本を読まないかもしれませんが、子ども向けの本ならあります。こういう絵本の普及は、世界中で見たときに、日本の誇るべき特徴だと思います。

それから、日本は非常に幸運で、文字が易しい。平仮名は、韓国のハングルもそうですけれど、とても読みやすいです。世界中で一番優れている文字はハングルだと、私は思います。中国人は大変だなといつも同情します。漢字ばかりです。中国の多くの幼稚園では、当然漢字を教えます。小学校に行くと漢字は必須です。小学校は教科書がありますから、親も必死に教えます。もちろん、最初のうちは発音を教える記号を使う場合もあります。

アルファベット、とくに英語はひどい言語で、例えば、ネコはキャットですけれども、「C、A、T」です。そうすると、その「C、A、T」をいくら「C、A、T、C、A、T」と叫んでもキャットには永久になりません。日本語なら、「ね、こ、ね、こ、ね、こ」、「ねこ」になります。だから、平仮名一音ずつ読めることは、比較的容易に単語につながるので有利な面があります。

念のためにいえば、日本語は常に有利というわけではありません。一つに、平仮名は書くのが大変です。私は、字のバランスが悪いというのか、平仮名がいまだにうまく書けません。それから、日本語は、小学校高学年になると、当然、漢字が増えるうえに、片仮名もあるし、アルファベットもあります。ですから、日本は、小学校高学年からリテラシー問題が顕著になってきます。

そういうことを考えてきたときに、欧米の幼児教育で比較的強調されているのがリテラシーと最近では思考力であり、そのやり方が見えてきているわけです。それに対して、日本の幼児教育は、伝統的に意欲と社会性が中心だと思うのです。他の国々のやり方をどのように採り入れていくかが課題になってきています。

では、具体的にどういうかたちの幼児教育ならよいのか。非認知面について、さまざまな研究から、幼児期がその後の教育にどう関係するかというデータを集めた論文があります。注意していただきたいのは、これは幼児教育それ自体の効果ではありません。幼児期のさまざまな要因とその後の関係です。幼児教育、日本でいう、幼稚園、保育園のやり方に効果があるかについては、今、世界中でデータを集めているところです。

どうやら幼児教育の質が関係しているというデータが、あちこちでぱらぱら出てきているという段階です。二〇一五年ぐらいの段階では、確定的に「こうだ」とはいえません。でも、関連しそうだということはいえると思います。

5 日本における政策の動向

そうしたことを背景に、日本における政策課題等々をいろいろ考えながら、幼稚園や保育園をどう変えていくかという話です。幼稚園や保育園を変えようとしているわけですけれども、そこで何を目指しているか。ここでは三つのポイントがあると考えています。

一番目は、ＯＥＣＤのリポートで少し触れたと思いますけれども、そうしたデータをどう採り入れていくかという課題です。それによって、幼児教育の質を上げていきます。日本の幼児教育の質が低いと思っているわけではありませんけれども、もっと上げていく。

日本の幼児教育の質も、組織的、系統的に測定されていないので、はっきりしないところがありますが、確実にいえるのは、かなり幅があるということです。公の場でどこが低いとはいえませんが、かなり低い所もありそうです。それをどう底上げしていくかが大きな課題だと思います。そうすると、一番目は、全体的に平均水準であるとしても、どうよくしていくかというときに、これらの研究を参考にしなければいけません。

二番目は、政策課題ともからみますけれども、幼稚園と保育所と認定こども園という分断の問題があります。一番新しい数字でいうと、幼稚園が四五％、保育所が四五％ぐらいで、認定こども園は一〇％くらいでしょう。いずれも小学校就学前の子どもの数での割合です。毎年、認定こども園が増えていくと思いますので、いずれ「四・四・二」ぐらいになると思います。

こうなるのは当たり前ですけれども、幼稚園業界にとってはショックです。これまでは幼稚園が、小学校入学前の段階で大体六〇％を占めていたのがだんだん少なくなって、最近は四五％

と、減ってきています。理由の一つは、いきなり幼稚園の子がいなくなったというより、幼稚園から認定こども園に変わっている所が多いからです。だけれども、同時に、親の働き方が変わり、幼稚園がどんどん目減りして、保育所が増えていきますので、いずれ全国平均でも就学前の子どもで幼稚園よりも保育所のほうが多くなっていきます。認定こども園はまだまだでしょうけれども、一割を超えて二割近い状況です。

それぞれの業界の争いはともかくとして、日本の子どもたちは、今、ほぼこの三つのどこかにいるわけです。例外が二%かそこらあります。例えば、インターナショナルスクールはどこの認可にも入りません。ともかく幼稚園・保育所・認定こども園が主なところで、もし幼児教育に意味があるとしたら、これらで共通のものを提供しないとおかしいということになります。

今回の改訂は、幼稚園教育要領と保育所保育指針と幼保連携型認定こども園教育・保育要領の三歳以上部分を共通にすること、これを念頭に設定されたわけです。今でも、幼稚園教育要領と保育所保育指針の三歳以上を比べると、「五領域」と書いてあって、九割ぐらい同じですけれども、もっといろんなところでそろえていくということです。

これは、日本の幼稚園、保育園の歴史を考えると、ずっと別々にやってきたわけですから、画期的です。今後も制度としては別ですけれども、三歳以上については保育の中身が一緒になります。幼稚園は、正確にいうと、満三歳以上の一日四時間部分が相当です。いろいろ長くやる場合

表1　日本の幼児教育施設の教育のあり方を統合する

- ▶幼児期の施設（幼稚園、保育所、認定こども園）での教育を「幼児教育」と呼ぶ。なお、幼稚園は3歳から1日4時間程度、保育所は0歳ないし1歳からで1日8時間から11時間程度、認定こども園は二つを合わせたものである。
- ▶国の指針として3歳以上について共通の記載とする。教育の内容と内容を同一とする。

もあります。共通部分、コア部分は、要するに三歳以上の一日四時間相当分です。保育所はもっと長く、こども園も長いですから、どこに行こうと最低一日四時間はいることになるわけです。基本的には日本のすべての幼児が、一日四時間、どこかの施設にいます（表1）。

三歳だといない施設はたまに見かけますけれど、四、五歳だと一〇〇％近いです。そうすると、そこをある程度一緒にして、幼児期にふさわしい教育をどこでもできるようにしようということです。もちろん、それに向けて何年も前から動いてきました。とくに保育所保育指針が一〇年前に大改訂されたときに、幼児期の教育という視点を大幅に入れました。実質的には同じようなものだと私は思いますけれども、それを今回、きっちりと一緒にしました。これが、一つのねらいです。

三番目のポイントは、このエビデンスやデータをいろいろ考える場合もそうですけれど、要するに、今後、小学校、中学校、高校等に行ったら効果はどうなるの、ということが幼児教育の効果として問題になっています。もちろん、幼児教育の効果というときに、今、目の前にいる子どもが幸せに暮らさなければいけません。それは当然です。今現在は比較的、楽しそうに見えるわけですが、一年後、二年後あるいは一〇年後にどうなるかは見えませんので、これをデータで明らかにするしかありません。そういうことを念頭に置きながら、カリキュラムとしては、学習指導要領と幼稚園教育要領や保育所保育指針との整合性を取ることが、もう一つのねらいです。実際には、二つのことで整合性を取ろうとしています。

「幼児教育において育みたい資質・能力の整理等」ということで、二つのことをやろうとしています。

一つは、「資質・能力」をいっています。「資質・能力」と呼んでいるものについて、幼稚園、保育園、認定こども園の幼児教育と小学校、中学校、高校と共通の枠組みをつくります。これは、学校などのカリキュラムとして、きちっと共通性を押さえたうえでつながないといけません。次の時期になってがらっと変わると、その間の調整がなかなか難しくなりますので、まず、一番共通の枠組みをつくろうとしています（図1）。

世界的には、「二一世紀型カリキュラム」と呼んだり、いろいろないい方をしています。小・中・高を中心として、アメリカやヨーロッパや日本で検討してきた成果です。カリキュラムは、「こうしましょう」という枠で中身をつくるわけですけれど、そのつくり方はさまざまで、アメリカの研究者がいうことと、ＯＥＣＤの研究者のいうことが違っていたりしますので、その整理をいろいろしてきたわけです。

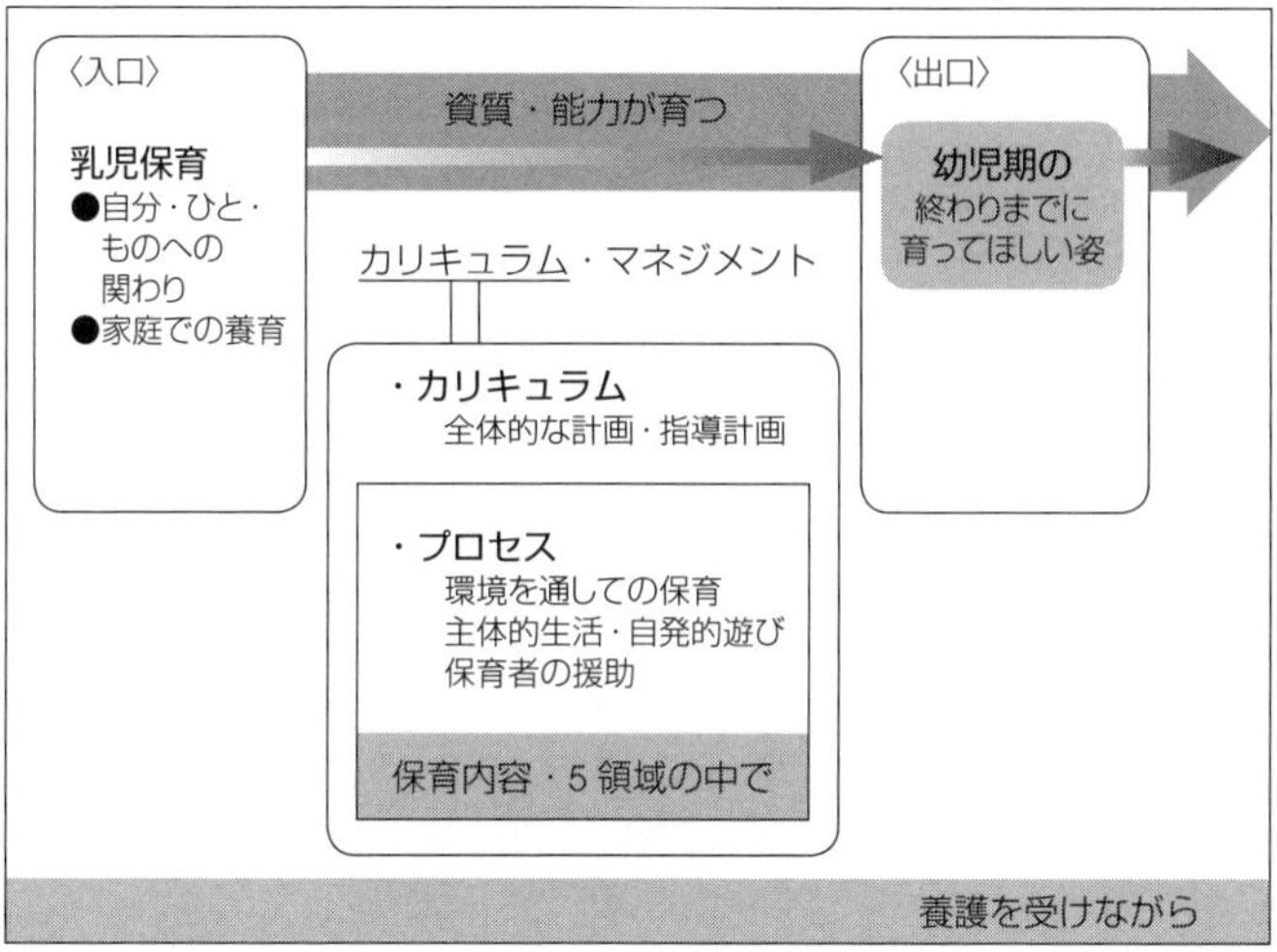

図1　幼児教育の構造

最終的に、日本の学習指導要領は、資質・能力において三つの柱を立てます。一番目の「知識・技能」で一つ。二番目が「思考力・判断力・表現力等」です。三番目が「学びに向かう力、人間性等」となっています。幼児期なので、正確には、「知識・技能の基礎」というふうに「基礎」が入れてあります。小学校に行くと「知識・技能」だけです。「思考力・判断力・表現力等」も、やはりそうなっていて、幼児教育ではその「基礎」と名づけました（表2）。

幼児教育としてのいい方では、「遊びや生活の中で豊かな体験を通じて、何を感じたり、何に気付いたり、何が分かったり、何ができるようになるのか」とあります。中心は気づくこと、できることです。例えば、棒を

表2　幼児教育と小学校以上の教育をつなぐ

▶資質・能力の考え方によって、幼児教育と小学校以上の学校教育で育成される子どもを力を共通に表す。それらは、知識と思考力という知的な力と情意的・協同的な力からなる。相互に循環的に育成されていく。

▶それは幼児では、
・気付くこと、できるようになること、
・試し、工夫すること、
・興味を持ったことに向けて挑戦し、粘り強く取り組み、協力し合うこと。

▶幼児期の終わりに育ってほしい子どもの姿を明確にして、それに向けての指導を強化する。それとともに、小学校はその姿を受けて、伸ばすところから開始する。

使ってたたけば、音が出ることに気づくのです。たたき方で違う音が出る、こっちをたたくと音が変わる、こういうものをたたいたら、また違う音になる、といろいろです。よくやるのは、ガラスのコップをいくつか置いて、水の量を変えれば音の高さが違ってくるというものです。そういうさまざまな発見があります。そういう個別的な発見と、個別的にできること、こまを回せるとか、飛び上れるとか、そういう類のことを知識・技能の基礎にします。気づくことは知識、できることは技能になります。それは、特徴が個別的ということです。音が出ることに気づくとか、要するに、世の中にはいろいろなものがあるわけで、そういうことに気づいていきます。

それに対して、なぜそうなるかを考えるのが、思考力です。これも幼児期ですと、実際に活動しながら気づいたり、考えたりするということで、「遊びや生活の中で気付いたこと、できるようになったことなどを使いながら、どう考えたり、試したり、工夫したり、表現したりするか」となり、中心は工夫ということです。つまり、何かをやろうとしてうまくいかないときに、それを工夫していくということです。例えば、大きなおうちをダンボールでつくるときに、どうやればつくれるかなと考えるときに、幼児は問題を抽象的に与えられて、頭の中で考えることはあまりなく、物を使いながらとか、つくりながら、いじりながら考えていきます。何かしながら考えることを、「工夫」と呼んでいるわけです。そういう意味で、思考力の基礎も工夫したりすることにおいています。

三番目は、「学びに向かう力、人間性等」になります。「学びに向かう力」は、今回新しく入れられた言葉です。ちょうど、意欲とか意思とか、情動的な事柄やそのコントロールにかかわるものです。ここでは、「心情、意欲、態度が育つ中で、いかによりよい生活を営むか」と書いてあります。もう少し丁寧にいえば、いろいろなことに興味をもったり、粘り強く取り組んだり、さまざまな難しいことに挑戦したりということです。それは、すでに幼稚園教育要領に書いてあることを、新たにまとめたことになります。

こう考えてみると、最初の二つはかなり知的な要素であり、認知的なものです。いろいろなことに気づくことと、考えることは、かなり連動しています。それとは少し違うかたちで、学びに向かう力などには情動性とか、人と協力することが入れられています。これらが全体として絡んで、資質・能力となります。これが、小学校以上でも共通して重要になってくるということです。

実は、小学校以上で考える場合と幼児教育とではだいぶ違います。幼児教育にとって、「学びの可視化」というい方は新しいですけれども、「いろいろなことに興味をもって、粘り強く取り組むことを大事にしましょう。難しいことに挑戦できるようにしましょうね」と保護者が言われると、幼稚園や保育園で普通にやってきたことです。ことさら新しいわけではありません。ただ、小学校以上になると、これが新しい部分に置き換わってきますので、それなりの違いはあると思います。

こう考えてみると、ここで挙げたようなことをかなりバランスよく考えないといけません。あらためてその基礎としてのリテラシーというものも大事です。ただし、遊びや生活の中でかかわりながら、ということです。

考える力は、「工夫する力として出していこう」、意欲とか意思は、「学びに向かう力として出していこう」、「協力するという部分を出していこう」とかの表現をとります。そうすると、かなり基礎的な研究のデータも、カリキュラムとしてバランスを取りながら入れ込んでいくことになります。それを大きくくくったのが今述べたことです。

もう一つの改革に、「五歳児終了時までに育ってほしい具体的な姿として一〇の姿を考える」として、「健康な心と体」から始まって、最後に、「豊かな感性と表現」が出てきます。これらが五歳児の終了までに育ってほしいということで、必ずしも五歳児の終了に完成するという意味で

表3　幼児期の終わりまでに育ってほしい姿

▶5歳児後半にとくに伸びていく活動内容を10個にまとめて表す。それらは能力や成果ではなく、さまざまな活動を通じて現れる子どもの具体的な様子である。 ▶それは次からなる。多くの研究や実践を受けて、知的な面、情意的自己統制、人間関係や協同、等を幅広く示している。 ①健康な心と体（健康の保持と運動） ②自立心（自己統制する力） ③協同性 ④道徳性・規範意識の芽生え（共感性や規則を守り自己調整する力） ⑤社会生活との関わり（多様な他者との付き合い） ⑥思考力の芽生え（規則性や仕組みへの好奇心と探究心） ⑦自然との関わり・生命尊重（生命と非生命への理解と興味） ⑧数量・図形、文字等への関心・感覚（記号への感覚的感性的な理解） ⑨言葉による伝え合い（絵本、言葉による大人と子どもの対話、子ども同士の言葉その他によるやりとり） ⑩豊かな感性と表現（表現に向けての感性の育ち）

はありません。幼稚園でいえば、三歳頃から始まり徐々に育っていって、五歳児終了時である程度できるものと期待されています。「ある程度」であり、完成はしないで小学校につながっていきます。

先ほど、どの幼稚園も保育園も認定こども園も共通の教育をするといいました。共通の教育の中身は、基本的には五領域の内容ですけれども、大きくくくれば資質・能力の三つの柱です。もう少し具体的にいうと、幼児期の終わりまでに育ってほしい姿は、「一〇の姿」と呼んでまとめられています（表3）。

「一〇の姿」の中身は、新しいものではありません。五領域の内容項目として挙がっているものを再整理して、とくに年長の後半に顕著に育っていくであろうもの、ということで取り上げたのです。例えば、「1　健康な心と体」は五領域の「健康」になります。「2　自立心」は、主に人間関係について書いてあります。「自立心」を見ると、かなり非認知的だという感じがすると思います。例えば、「身近な環境に主体的に関わり、いろいろな活動や遊びを見いだす中で、自分の力で行うために思い巡らすなどして、自分でしなければならないことを自覚して行い、諦めずにやり遂げることで、満足感や達成感を味わいながら、自信を持って行動するようになる」。興味を持ってとか、よく考えながらとか、諦めずにやり遂げることが強調されています。

その次は、「3　協同性」といって、一緒に工夫してともに取り組む。「4　道徳性・規範意識の芽生え」、これも五領域の「人間関係」に入っています。「5　社会生活との関わり」ということで、これは少し新しいものが入っていますけれども、社会についての理解です。それから、「6　思考力の芽生え」で、これは五領域の「環境」の項目に入っているものを再生したものです。「7　自然との関わり・生命尊重」、これも「環境」の項目に入っています。「8　数量・図形、文字等への関心・感覚」です。これは、「環境」の項目の中に、そういう意欲、関心とかが入っているのとほぼ同じいい回しですけれども、一〇の中に取り上げる中でリテラシーの基礎として重視します。「9　言葉による伝え合い」です。これは領域の「言葉」の中で提示させているものです。最後に、「10　豊かな感性と表現」です。これは、五領域の「表現」に該当する項目です。

これらを整理すると、要するに、根本的には資質・能力の三つの柱になります。もう少し具体的にいえば、どの幼稚園も保育園も認定こども園も、「一〇の姿」として表れてきているそれを目指し、とくに年長になってきたら深く考えて指導していただき、小学校ではそれを受け止めながら伸ばしていきます。

逆に、小学校から見れば、いろいろな幼稚園、保育園、認定こども園から子どもが来るわけですけれども、どの子どもも共通にこういった力をある程度もっています。それをベースにしながら、小学校の教育を始めます。つまり、小学校教育は、ゼロベースで始まるのではなく、幼児期で育った力を基にして始まります。

では、幼児期に育つ力とは何か、当然、小学校の先生は聞きたくなります。そこでは、根本には資質・能力としての三つの柱があるけれども、もう少し具体的にいうと、一〇の姿をある程度身につけていき、それをさらに伸ばすというかたちで小学校教育をやろうと提言しています。それを受けて、小学校教育の当初はその幼児期の終わりまでに育ってほしい姿を発揮するようにしていきながら、低学年教育全体で幼児期に培った資質・能力を活かし、さらに伸ばして、その後の小中学校の教育のしっかりとした土台を築こうとしているのです。

第7章 発達ショーガイの子どもが輝くために

塩川宏郷

はじめに

タイトルを見て「何？　ショーガイって？」と感じた方、それこそ筆者のねらいです。しまった、まんまとひっかかった、と思って以下をお読みください。「ショーガイ」のヒミツを教えて差し上げます。

1　発達障害とは何か

さっそくですが、みなさんは「発達障害」をご存知でしょうか。内閣府（2014）[1]の世論調査によりますと、日本人のおよそ八七％は「発達障害」を知っているとのことです。ではまず、症例をご紹介いたします。なお、本章で提示する症例はプライバシーに配慮して細部を変更しておりますのでご了承ください。

［症例①］ 五歳男児

主訴：落ち着きがない、忘れ物が多い。

現病歴：三歳から保育園入園。集団のお遊戯や運動会などに積極的に参加。身のこなしが敏捷だが不注意で転ぶことが多かった。明るくおしゃべりで保育園の人気者。五歳時、就学を前に早期教育を受けさせるために幼稚園に入園。忘れ物が多い、話しかけても聞いていない、落ち着きがないことを保育士から指摘され両親が心配して病院を受診した。

［症例②］ 七歳男児

主訴：落ち着きがない、忘れ物が多い。

現病歴：三歳から保育園入園、集団のお遊戯や運動会などに積極的に参加。身のこなしが敏捷だが不注意で転ぶことが多かった。明るくおしゃべりで保育園の人気者。七歳小学校入学。忘れ物が多い、話しかけても聞いていない、落ち着きがないことを担任教師から指摘され、両親が心配して病院を受診した。

いかがでしょうか。実はこの二症例は、主訴から現病歴の前半までまったく同じです。違っているところは病院を受診したきっかけで、症例①は幼稚園入園、症例②は小学校入学がその契機です。三月まで明るくおしゃべりで人気者だった子が、四月から急に「落ち着きがない、発達障害ではないか？」と周囲に思われてしまう。たった一か月で子どもの状態が大きく変わることはありません。変わったのは「子どもの居場所」だけです。

医療・医学の領域では、最近、「発達障害」を「神経発達症」と読み替えるようになりました。これは「障害」という漢字のつづりが感じ悪い、ということによるものです。教育・福祉で用いられる「障害」と、医療・医学で病名として用いられてきた「障害」とを区別することで整理しやすくなったともいえるでしょう。「障害」を「症」とすることによって、より病気っぽい（医学っぽい）感じをだそうというねらいもあります。

主な発達障害には、知的障害（知的発達症）、自閉症（自閉スペクトラム症）、注意欠如多動性障害（注意欠如・多動症）、学習障害（限局性学習症）、発達性協調運動障害（発達性協調運動症）などがあります（カッコ内は新名称）。自閉症、これはつい最近「自閉スペクトラム症」というふうに呼ばれるようになりましたが、これまでは早期幼児自閉症、自閉性精神病質、自閉性障害、高機能自閉症、アスペルガー障害（症候群）、広汎性発達障害という、いろいろな診断名があって、それぞれ微妙に違っていたり同じだったりするわけですが、二〇一三年に発行された米国精神医学会による『診断と統計のためのマニュアル（ＤＳＭ－５）』（American Psychiatric Association 2014）[2]ではすべて「自閉症スペクトラム障害」（または「自閉スペクトラム症」）に統一されました。

自閉スペクトラム症は代表的な発達障害の一つで、社会性やコミュニケーションの発達に偏りや歪みがあり（社会的コミュニケーション行動の質的障害）、興味・関心の限定・反復（こだわり行動）をもつとされています。かつて自閉症（自閉性障害、カナー型、中核群）と呼ばれていたものは人口の〇・〇五〜〇・五％程度と考えられていましたが、昨今の「スペクトラム」に属するものは人口の一・〇％程度とする報告が多いようです（鷲見 2013）[3]。

さきほどの症例①の診察室での様子です。

医師「今日はどうしたのかな？」
子ども「今日は、朝起きてご飯食べてお母さんと一緒に病院に来ました」
医師「（質問のしかたが悪かったな）えっと、今日はなんで病院に来たの？」
子ども「車です。黒いオデッセイ。ホンダ」
医師「（これも質問のしかたが悪かったか）えっと、今日病院に来た理由を教えてください」

子ども「お母さんが予約したからです。先生誕生日いつですか？」

このお子さんは自閉スペクトラム症（かつてはアスペルガー障害とされていたタイプ）のお子さんです。一見ことばのやりとりは成立していますが、「コミュニケーション」にはなっていませんね。もちろん子どもは一生懸命質問に真摯に答えているのですが、このような状況が発達障害診療の現場ではたくさん発生しています。

次に先ほどの症例②の子どもの診察所見をカルテから抜き出してみましょう。

「母親とともに診察室に入って来る。じっと座っていられず席を立っては診察室の中をあちこちぶつかりながら走って移動する。置いてあるものを次々に手に取っては放り出す。『おじさんおじさんこれ何これどうやるの。』早口で話すがこちらの説明は聞いていない。着席するようにいうと座るがあちこちを見回しきょろきょろそわそわもじもじ、落ち着いて座っていられない様子。母親に質問すると割り込んで来る。母親はその様子にイライラしている。」

この子は注意欠如・多動症（Attention Deficit Hyperactivity Disorder、以下ＡＤＨＤと略）と考えられます。ＡＤＨＤは、精神年齢に比して不適当なレベルの「注意力の障害」「衝動性」「多動性」があり、社会的に不適応をきたしている状態を指します。注意力の障害は「ものごとに集中できない」「忘れ物が多い」「気が散りやすい」「一つに集中すると他に注意が向けられない」といった行動で気づかれます。また衝動性は「考える前に行動してしまう」状態で、落ち着きなくエンジンがついたように動き回る「多動」と密接に関係しています。ＡＤＨＤの有病率は学童の三～五％とされていますので、通常の四〇人学級にも一人か二人は必ずいるらしいです（神尾ほか 2015）[4]。

2　少年鑑別所で

さて、ここで話を変えて、私がかつて勤務していた少年鑑別所での経験をお話いたします。少年鑑別所はご存知のとおり非行少年が入所するところで、全国に五二カ所あります。私が勤務していた鑑別所は年間およそ一〇〇〇人の少年が入所するところでしたが、その中で発達障害と考えられる例はどのくらいいたかといいますと、自閉症スペクトラムで二・五％、ＡＤＨＤは三・五％でした。合計しますと六％ですが、これは文部科学省調査による「通常の学級に在籍していて発達等の問題で何らかの支援を必要とする児童・生徒」のパーセンテージとほぼ同じです。つまり、少年鑑別所に入所する非行少年の中で発達障害のある少年は、通常の学校にいる発達障害のある子どもと同じくらいの割合で存在しているということで、「びっくりするほど多いわけではない」ということです（塩川 2014）[5]。

さらに、非行少年の背景、すなわち少年たちにどのような生い立ちや経験があるのかについて調べてみました。欧米には「小児期の逆境的経験（adverse childhood experience、以下ＡＣＥと略）」という概念があり、子どもの発達や将来の精神疾患（一部の内科疾患）に影響をおよぼす要因として研究されています。ＡＣＥには大きく「虐待とネグレクト」（表1）と「家庭の問題」（表2）の二つがあります。鑑別所に入所した少年のうち発達障害のある少年とそうでない少年とで、ＡＣＥの数や内容に違いがあるかどうかを調べてみたところ、「発達障害のある非行少年はＡＣＥをたくさん経験している」ことがわかりました。さらにその内容では発達障害のある非行少年はそうでない少年よりも「心理的虐待」をたくさん経験していることがわかりました（塩川 2015）[6]。

少年による犯罪が発生すると、発達障害と関連づけて報道されることが少なくありませんが、非行は発達障害の症状ではありません。非行や犯罪は「発達障害のない」人によるものが圧倒的に多数発生しています。決して発達障害があるから非行を犯しやすいというわけではありません。

非行を犯した発達障害少年には、共通する経験があることが知られています。それらは、①発

表1　ACE（虐待とネグレクト）

ACE カテゴリー	内容
身体的虐待	子どもへの身体的な暴力行為
心理的虐待	子どもへの暴言、蔑み、冷やかし、必要以上の叱責等
性的虐待	子どもを対象とした性行為、性的いたずら、性的嫌がらせ、性的搾取等
心理的ネグレクト	慰めや賞賛・被保護者等の子どもの心理的な欲求に対する不応・無視
身体的ネグレクト	遺棄や放置、育児放棄、衣食住等の子どもの身体的な欲求に対する不応・無視

表2　ACE（家庭の問題）

ACE カテゴリー	内容
家庭内暴力	家庭内の暴力行為・夫婦間暴力、同胞間の暴力等
家族の薬物問題	同居している家族による違法薬物の乱用･依存
家族の精神疾患	同居している家族の精神疾患（アルコール依存を含む）
両親の別居・離婚	両親または保護者の別居・離婚
家族の犯罪傾向	同居している家族による非行・犯罪行為、収監経験等

達障害診断の遅れ、②学校や地域で適切な支援の欠如、③「いじめ」など集団からの迫害・疎外体験、④虐待（心理的・身体的・性的）です。今回の経験では、心理的虐待がとくに多いこともわかりました。

3　あらためて「発達障害」って何？

自閉症の原因は何でしょうか。医学的には次のように説明されています。これは日本小児神経学会という学会の雑誌に記載されていた内容です。

「自閉症罹患者の四〇％にゲノム異常や遺伝子異常が検出されている。それらはNeuroligin、Neurexinなどのシナプス結合、シグナル伝達に関与する遺伝子群、FMR1、MECP2など遺伝子発現制御に関与する遺伝子群などであり、これら候補遺伝子はシナプス恒常性に関与するものが多い。自閉症の発症は多数の遺伝子の関与とともに遺伝子×環境性要因のエピゲノム形成が示唆される」（神保・桃井 2015）(7)。

まあ、ひとことでいえば「要するに意味不明」ということですが、ここに何気なく書かれている「遺伝子×環境性要因」というところがミソなのです。

自閉症スペクトラム障害の症状は「社会的コミュニケーション行動の質的な障害」「こだわり行動」と先述いたしましたが、ではご自分の「社会的コミュニケーション」能力は「大丈夫、完璧です」という人はいるでしょうか。あるいは「こだわりなどまったくない」という方はいかがでしょうか。おそらくいないと思います。つまり、私たちはみな、自閉症と共通する症状を多かれ少なかれもっているということです。でも私たちがみな自閉症と診断されているわけではありません。発達障害の診断基準には但し書きがついていて、これらの症状は通常幼児期に始まり、発達や社会的側面からみて著しく不適当なレベルであり、日常生活において明らかな困難（significant impairment）を呈していることが診断のために必要、とされています（American

Psychiatric Association 2014）[2]。つまりこれらの症状（発達の特性）が「障害」と診断されるのは、それによって明らかに「何らかの不適応状態」が生じていること、本人または周囲の人が何らかのかたちで困難や苦痛を感じている場合に限ります。「発達障害」は「状態像」です。症状・発達の特性によって上手に生活できない・地域社会にうまくとけ込めないでいる状態を示しているのです。ですから発達障害は、子どもの症状・特性だけではなく、つねに子どもが置かれている地域社会・環境との相互作用（関係性）の中で考えることが大切なのです。

筆者が本章の標題で片仮名の「ショーガイ」と記載していることは、発達の特性、つまり私たちがふだん感じている「コミュニケーションの困難感」や「こだわり行動」、「集中できなさ・忘れっぽさ」などを指しています。私たちはまあそれなりに社会に適応してそれなりに困難を感じつつもなんとかやっているわけですから、「障害」ではありません。なぜ私たちがもっているのは障害ではなくショーガイなのか、それは私たちがいろいろな人から、地域社会から意識するしないにかかわらず「支援されている」からです。

「支援」があれば「ショーガイ」が「障害」になることはありません。支援によって発達障害という「状態像」は変化させることができます。ここに支援の意味があります。発達障害あるいは発達障害のある子どもは単独で存在しているわけではなく、つねに自分をとりまく環境（家族・社会）との関係性の中にあります。さまざまな問題（不適応状態）もその関係性の中で発生

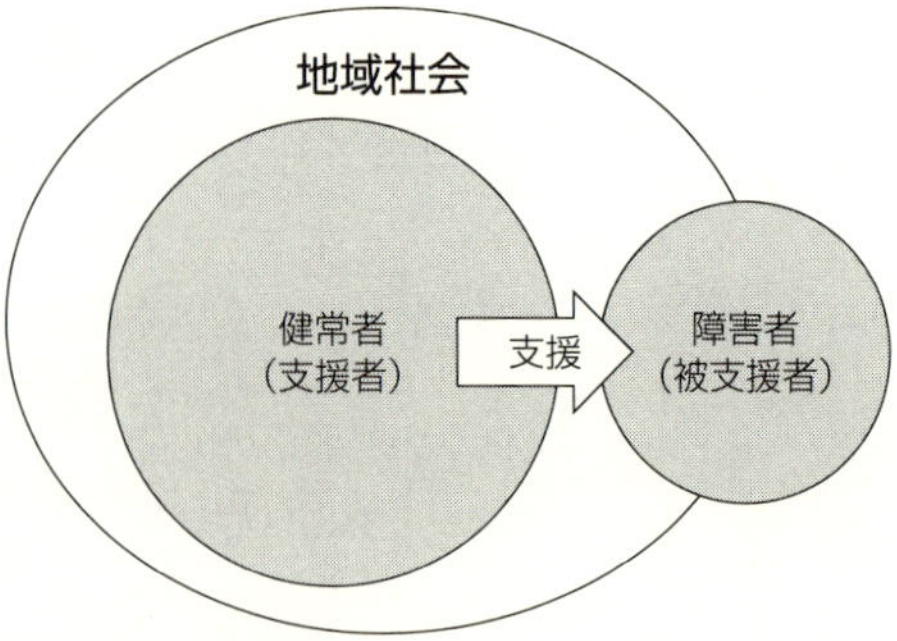

図1　現在の地域社会
「支援者」と「被支援者」には境界があり、一方向性の関係
結果的に障害者の社会参加は限定的になっている。

しているのです。つまり「特性（ショーガイ）」を「障害」にしてしまうのは、特性そのもの（子どもたち側の要因）ではなく私たちを含む地域社会側の要因である、ということです。私たち人類はみな多かれ少なかれ「発達ショーガイ」をもっています。「発達障害」は、地域社会との「関係性」によって定義されるわけですから、いい方を変えますと、「障害」をつくり出しているのは私たちの地域社会である、ということになります。

現在の地域社会は図1に示すような状態と考えられます。地域には境界がはっきりした「健常者」と「障害者」が住んでいて、健常者はすなわち支援者で、被支援者である障害者を支援しています。支援の方向は健常者↓障害者の一方通行で、そのことが障害者の社会参加を制限することにつながっているのが今の私たちの住む地域社会であるように感じます。そこで、図2のような地域社会を想定してみました。地域に住んでいるのは住民

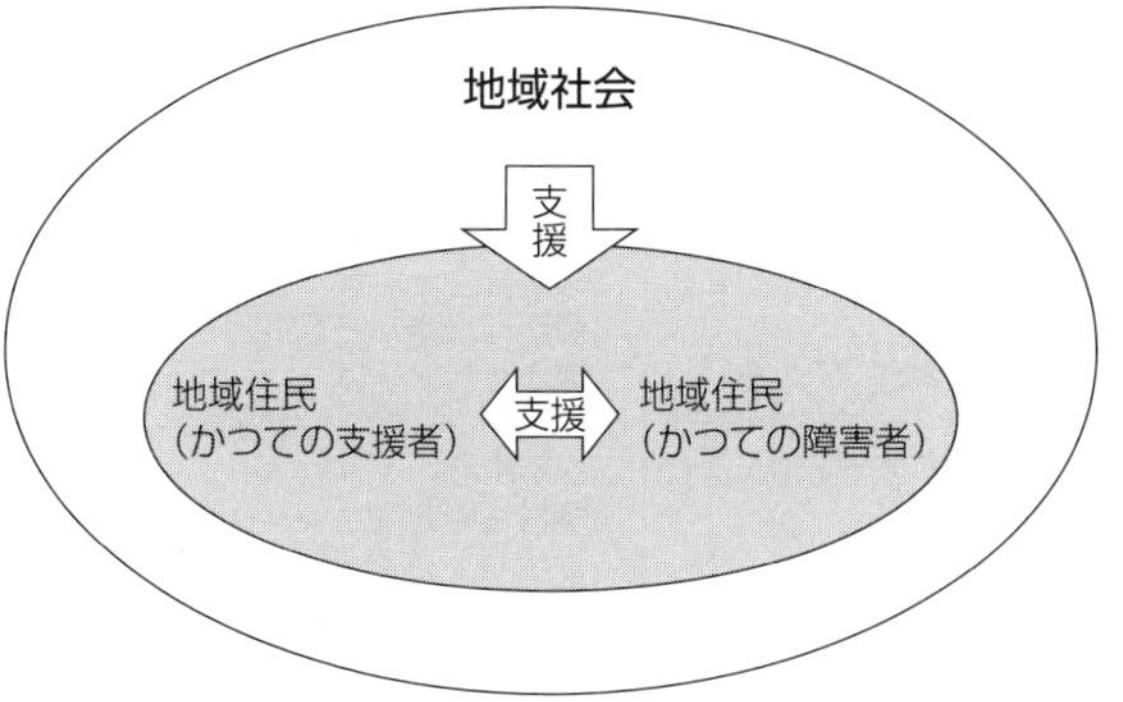

図2　「お互いさま」の地域社会
「支援者」「被支援者」の境界はなくなり、かつての障害者は地域の中で完全に社会参加できる。

だけで、そこには健常者・障害者あるいは支援者・被支援者の境界はありません。お互いがお互いに支援を提供しあい、地域社会のシステムもそれを支援する、「発達ショーガイ？　そんなのお互いさまじゃないか」といえるような地域社会を目指すことを提案したいと思うのです。

4　発達障害の「医学モデル」と「社会・生活モデル」

発達障害のある子どもへの対応・治療の話の前に、障害の「医学モデル」と「社会・生活モデル」について説明いたします。表3にこの二つの考え方の相違点をまとめました。

医学モデルは「感染症モデル」ともいいます。障害（＝病気・疾患）には必ず生物学的な原因があり、同じ

表3　障害の医学モデルと社会・生活モデル

医学モデル	社会・生活モデル
・障害は疾病と同じ意味をもつ。 ・障害には「原因」がある。 ・同じ障害は同じ原因から引き起こされる。 ・原因は「生物学的」である。 ・「治療」によって「原因を除去」することで障害を「治癒」させることができる。 ・治癒がゴールである。	・障害は「状態像」である。 ・障害を個人の要因と社会要因および関係性の中でとらえる。 ・個別性が強いので原因を特定することには重きをおかない。 ・「支援」によって障害状態は改善することができる。 ・障害状態を改善し、社会適応レベル・日常生活レベルを改善することを目指す（特性・症状があってもなんとかうまくやっていくことができればよい）。

障害は同じ原因から発生し、原因を除去すること（「治療」）で障害を「治癒」させることができるという考え方です。例えば肺結核という病気は結核菌という原因によって引き起こされ、抗結核薬で治癒させることができる、というものです。医学モデルでは原因の探求と障害の「治癒」に重点を置きます。

一方社会・生活モデルにおいては、障害は「状態像」ですので個別性が高い、つまり人それぞれ違っていて共通の原因を特定することは不可能です。したがって原因を特定することには重きを置きませんし、原因を除去するということもしません。目指すのは治療による障害の治癒ではなく、「支援」による状態像の改善、つまり症状や特性があってもなんとかうまくやっていくことができるようになる、ということです。医学モデルでは「神経発達症」、社会・生活モデルでは「発達障害」と整理することができるでしょう。

5　発達障害のある子どもの支援

(1) 発達障害は治らない？

「障害」は「状態像」である、と先述いたしました。いわゆる医学モデルでいう「疾患・疾病」とは異なります。発達障害は終生続く、かつ変化しうる状態像です。医学モデルにいう「治癒」はあり得ませんが、障害は固定してしまうこともありません。人間は死ぬまで発達し続ける存在ですので発達が止まるわけではないわけです。ですから、発達障害の症状・特性（ショーガイ）を改善することが対応のゴールではありません。私たちが目指すのは、発達障害のある子どもが、上手に地域社会（学校を含む）に適応していくこと、それから発達障害が引き起こす二次的な問題・合併症を予防することです。二次的な問題には先ほど述べた非行も含まれますが、その他のさまざまな適応の問題すなわち不登校やひきこもり、うつや不安などの精神的な問題があります。すでにこれらの問題に関係する要因はわかってきていますから、それらを回避することもある程度可能です。簡単にいいますと、「放っておかない（早期の気づき・診断・適切な支援をする）」「迫害・虐待しない（目をかけ適切なことばかけをする）」ということに集約されると思います。

(2) 医者はあてにならない？

早期の気づきと診断が必要だといっておきながらこれはないだろう、とお思いかもしれませんが、実際のところ発達障害医療の現場においては、専門医は極端に少なく、偏在し、かつ偏った考え方をする人も結構多いというようなことが起きています。医療が発達障害をもつ人にお手伝いできそうなのは「診断」と「薬物療法」だけですけれど、診断はマニュアルどおり（レッテル貼り）、薬物療法は対症療法（症状ごまかし）でしかありませんから、たいそうなことができるわけではないのです。みなさん、こと発達障害においては、お医者さんをあてにするのはほどほどにしておきましょう。

(3) 有効な治療法はない？

発達障害の治療法は、これまでいろいろな治療技法や対応方法が提案されていますし、インターネットで調べてみると怪しい治療法もたくさん見つけることができます。ただし、その有効性が確認されている（エビデンスがある）治療方法は三つだけです。すなわち、①ＴＥＡＣＣＨプログラム　②応用行動分析（applied behavior analysis、以下ＡＢＡと略）③ペアレントトレーニング（ペアレントプログラム）の三つです。

このように書くと、「発達障害と診断されたからＴＥＡＣＣＨプログラムを受けなくてはいけない」「応用行動分析はどこに行ったらやってもらえるの?」と考える方もおられると思いますが、これらは、どこそこの誰先生のところに行けばその治療が受けられる、というようなものではありません。大切なことは、これらの治療方法の「理念(考え方)」つまりエッセンスを毎日のちょっとした対応やことばかけに取り入れることです。

TEACCHプログラムは、主として自閉症のある人が、自閉症のまま、つまり「あるがまま」で、地域で生活していくことを目指すという考え方をします。療育機関や病院で訓練するプログラムではなく、地域全体でその考え方を共有し地域全体で取り組んでいくことが必要な療育方法です。中心としている技法は「視覚的な構造化」で、発達障害のある人が「その時その場で何をすればいいのか目で見てわかる」状態をつくっていくことです。これは自閉症をもつ人が得意とする認知能力を応用しているもので、大切なのは「苦手なことをがんばって克服するのではなく得意なことを伸ばして苦手なことをカバーする」という考え方です。

ABAでは特定の行動を変化させる(増やしたり減らしたりする)ために「その行動を分析」し「環境に働きかける」という考え方をします。日々の対応に取り入れることが比較的容易な考え方ですので、ここで少し説明いたします。

行動分析は、ターゲットにする行動(減らしたい行動・増やしたい行動)を決める(絞り込む)ことから始めます。ターゲット行動が決まったら、その行動の記録をつけます。記録をつける際には、「いつどこで誰が（誰と）どのように」その行動が発生するのか、その行動のちょっと前・直前に何があるか、その行動の直後・後に何があるか、という点に注目してください。ここでやることは、ターゲット行動の「意味していること」「成り立ち」を考える、ということです。TEACCHもABAも、発達障害のある人（とその行動）をしっかりと理解することを土台としています。その人が何を見聞きし、何を感じ、何を考えているのか、それを知ろうとすることから対応は始まります。詳しく知りたい方は教科書や参考書をご覧ください。

6 対応の実際

ここからは、発達ショーガイのある子どもへの対応についていくつかをご紹介いたします。ポイントは、その人の体験世界を知るということ、および問題行動のストーリーを読み解くということです。

(1) その人の「体験世界」を知る

発達障害（ショーガイ）をもつ人は、私たちが見たり聴いたり感じたりしている世界とまったく異なった世界を体験していると考えられています。独特の体験ですが、これらを知っておくとその人の行動の成り立ちを分析するときに便利です。発達障害をもつ人の体験世界の特徴は、①注意力の障害、②衝動性、③感覚の過敏性、④知覚変容現象、⑤タイムスリップ現象、などの独特の現象が知られています。これらは、発達障害をもつ人の記述した手記や体験談などから読み取ることができるものです。

①注意力の障害

注意力というのは、簡単にいうと「フィルター」の役目をしていると考えられています。自分に必要な感覚刺激や情報とそうでないものをふるいにかけて、必要なものを取捨選択するフィルターです。例えば授業中を想像してみてください。授業中は、そうでない人もいるかもしれませんが、基本的には先生の話を聴いています。実際には、先生の声だけでなく隣のクラスの騒ぐ声や廊下を誰かが歩く音や小鳥のさえずりや飛行機が飛ぶ音など、さまざまな聴覚刺激が聞こえているはずなのですが、私たちは先生の声だけが聴こえています。これが「注意力」というフィルターが作動している状態です。ではこのフィルターが働かないとどうなるでしょうか。先生の声も校庭の体育のかけ声も隣の人がおならをする音も全部同じ強度で聞こえてきます。これは非常に騒がしい状態ですし、自分が今何をしていたのかもすぐにわからなくなってしまうでしょう。この状態が注意力の障害です。ＡＤＨＤをもつ子どもは毎日このような世界を体験しているのです。

②衝動性の体験世界

衝動性というのは前述のように「よく考えずに行動する」ということですが、「考えるより先に体が動いてしまう」あるいは「考えが浮かぶのと体が動くのが同時」という状態です。意識で体をコントロールできない状態ですから、予想外の結果を引き起こしてしまうことになります。「こんなはずじゃなかった」「こうしようと思ったわけではない」というのが彼らの本当の気持ちというわけです。衝動性は自分でなんとかすることしかないのですが、そのためには「一息つく」練習をすることが必要になります。これもＡＤＨＤの子どもに特徴的です。

③感覚の過敏性

感覚の過敏性は、先ほどの注意力の障害と似ていますが、これはあらゆる感覚（視覚・聴覚・触覚・嗅覚・味覚）すべてを強烈に感じている状態です。例えば「小川のせせらぎ」は癒し効果をうたったＣＤが発売されているくらいですけれど、感覚過敏がある子どもにとっては高速道路をトラックが走る音のように聞こえてしまいます。抱っこしてもらう、頭をやさしくなでられるということも、私たちは通常心地のよい体験と考えていますが、感覚過敏のある子どもにとってはムシロでくるまれたりやすりで頭をけずられたりする感覚なのです。自閉症のお子さんにみられる特徴ですが、さらに「知覚変容現象」が加わりますので、より複雑怪奇な世界になります。知覚変容は例えば、音が色に変わって見える、あるいは色が匂いとして感じられるというような状況、さらに特定の刺激が特別なものや特別な意味をもってしまう状況とされています。私がかつて勤務していた「とちぎ子ども医療センター」に通っていた自閉症の子はひらがなで書かれた看板のとちぎの「ぎ」の字が怒っているから怖い、と言って受診を嫌がりました。これが知覚変容によるものです。

④タイムスリップ現象

タイムスリップ現象というのは、「時間の横滑り現象」ともいわれています。通常私たちは、時間は止まらないし逆戻りしない、と感じています。しかし自閉症をもつお子さんは簡単に時間が止まったり逆戻りしたりしてしまうわけです。単に記憶がよみがえる、嫌なことを急に思い出すのではなく、何らかのきっかけでそのときとまったく同じことを「再体験」するのがタイムスリップです。再体験では、そのときに感じた感覚も生々しくよみがえるのが特徴です。外傷後ストレス障害（ＰＴＳＤ）にみられる「フラッシュバック現象」と似ていますが、タイムスリップの特徴は「嫌なこと」だけではなく「楽しかったこと」も再体験することです。自閉症をもつ子どもが急に脈絡なくにこにこしてぴょんぴょん飛び跳ねるというような行動が観察されますが、これがタイムスリップ現象によるものと考えられています。

これら発達障害（ショーガイ）のある人の独特の体験世界を知ることが、対応を考えるうえでのヒントになります。

(2)「問題行動」のストーリーを読み解く

行動には、必ず「起承転結」があります。つまりストーリーがあるということです。突発的な行動であっても、その前後になんらかのつながり（脈絡）があり行動の成り立ちがあるはずです。そのストーリーを読み解くことが対応のヒントになります。

例えば、けんかをした子どもに対して「どうしてそんなことをしたの？」という質問をしても、子どもは答えられないことが多いと思います。子どもの言語表現能力にもよりますが、多くは結果的にけんかになってしまっただけで、最初からけんかをしようという理由があったわけではないからです。このような場合は、前後の状況を目撃していた人から情報を集めることも重要ですが、子どもに対しては「本当は何をしたかったのか」「どうしたいと思ったのか」を尋ねるとよいでしょう。子どもが自分の体験を自分の言葉で表現する、それを十分に聴き取っていくことが大切です。

(3)「ダメ」というだけではダメ

もちろんよくない行動に対しては、きちんと「叱る」ことが必要です。危険な行動は制限する必要もあります。ただ、叱る際には「ダメ出し」するだけでは十分ではありません。その後「どうすればよかったたか」「次はどうするか」具体的な代替行動を教えることが必要です。今回は叱られてしまったけれど、次はこんなふうにしてみるとほめられるし、ごほうびがもらえるかもしれないよ、というふうにもっていくことが有用だと考えられます。ＡＢＡで「強化子」と呼ばれるものに通じますが、よりよい行動を身につけていくためには、具体的に行動を示す・教えることと、その行動を維持させるための働きかけが重要であるということです。

(4) 正しくほめ、正しく叱る

発達障害のある子どもをもつ保護者を対象としたペアレントトレーニング、最近はそれを簡素にしたペアレントプログラム（厚生労働省 2014）[8]が行われるようになりました。ペアレントトレーニングは文字どおり親が受ける訓練ということですが、そこで目指すことは保護者・家族を支援することで、子どもに最も近い支援者としての親の機能を高めること、親子間の悪循環を断ち、穏やかなコミュニケーションを形成することで子どもの適応行動を増やすことです。

ペアレントトレーニングの場でよく行われていることは「行動を分類し」「正しくほめ、正しく叱る」方法を学ぶことです。あまり難しく考えることではなく、好ましい行動・増やしたい行動は「ほめる」、好ましくない行動・減らしたい行動は「無視する」ということです。

正しいほめ方（効果的なほめ方）というのは表情を優しく視線を合わせ（肯定的な注目）、できるだけ接近し、動作を含めてことばで伝えるというものですが、これはつまり「あなたがとった好ましい行動に注目しています」「あなたが『できている』ことに気づいています・ちゃんと見ています」ということを伝えることです。このときのコツは「ぎりぎりセーフでもとりあえずオッケー」ということです。こちらが期待している出来でなくともまずは認める、大失敗しなければちょっとした失敗はかまわない、ぎりぎりでも間に合えばよい、という姿勢でいることが大切です。

「叱る」方法で最も効果的なのは「ほめる」の反対で「肯定的な注目をしない」「無視する」ということです。ここで「無視する」ということは単に見ないようにするというのではなく、行動が好ましい方向に変わるのを「待っている」という姿勢です。ですから上記の「ほめる（肯定的注目）」がうまくいかないうちに無視することは避けた方がよいかもしれません。「ほめる」「無視する」は常にペアと考えることです。また、きちんと叱るタイミングでは叱ってほしいのですが、この場合のコツは「淡々と」やることです。感情的に大声で叱るというのはあまり効果的ではありません。怒りの感情をぶつけること・大声で叱ることは多大なエネルギーを消費しますが、それに見合った効果が得られないことが少なくありません。それよりは淡々と、無表情で伝えるほうが効果的です。「怒った顔」よりも「無表情」のほうが怖いですから、ぜひ鏡をみて確認してください。

また、以前のことをもち出して叱りなおしたり、子どものすべてを否定したりするようなことばかけも好ましくないでしょう。「この前も言ったでしょう」「なんでできないの」「いつになったらできるの」「がんばりなさい」「あの子だってできるのに」「あなたには本当にうんざりする」「そんな子はうちの子じゃない」「あなたのことが恥ずかしい」「もう知らない」などは「禁句」です。「心理的虐待」につながります。

(5) 家族の支援（支援者支援）

保護者・家族は子どもの最も身近な支援者です。したがって保護者・家族を支援することは「支援者支援」ということになります。

発達障害のある子どもの家族は、さまざまなストレス状態に置かれています。子どもの問題行動や子どもの発達の現状と将来に対する不安、子どもをめぐる夫婦関係、家族外の人間関係などがストレス状態を引き起こすでしょう。また発達に問題をもつ子どもをもったことで、親自身が自信をなくしたり自己実現のためのプランを修正したりする必要性がでてくることもストレスになります。

これらのストレスを理解したうえで、子どもの支援者ができる保護者支援を考えます。決して子どもの状態がよくないのは保護者の愛情不足などと考えてはいけません。愛情ですべてが解決するほど発達障害は単純なものではありません。

家族を支援していくうえで大切な点がいくつかあります。まず、基本的に私たちは子どもや家族の伴走者として「一緒に考えていく」という姿勢でいることが大切です。こちらの思いどおりに子どもや家族を動かそうとすることは避けましょう。また思いどおりに動かない子どもや家族を責めたり、思いどおりにできない自分を責めたりすることも避けましょう。

自分が担当している間に、子どもと保護者の関係に小さなよい変化を起こすことを目標にしましょう。すべてを解決しようとすることは無理ですし、おこがましくもあります。自分がかかわるのは子どもや家族の人生のほんの一時期だけですから、その時間にちょっとしたよい経験をしてもらうことです。その経験によって子どもや家族がその後の人生を変えていくことはできるかもしれません。

支援は継続することが重要です。自分の担当する時期が過ぎたら、次の支援者につないで支援が途切れないようにしましょう。「他の専門家に安易にゆだねたくない」「自分がどうにかできるはずだ」と思うことは避けましょう。

一人でがんばり過ぎることも避けたほうがよいでしょう。自分一人では何もできないし、一人で対応することは自分にとっても子どもにとっても地域にとっても不幸なことです。家族とチームになって子どもを支援することを考えましょう。子どもの支援チームの一員として自分の能力と役割分担を意識し、連携を心がけ、協力しながら、一人で抱え込まず、見放さず、黙って子育ての支柱になることを心がけることが大切です。

7 発達ショーガイの子どもが輝くために

発達障害をもつ子どもや家族を支援していくうえで心がけたい、対応するうえでのいくつかのコツについてキーフレーズを使いながら説明いたします。

(1) ちょっとした工夫を心がけよう

対応には「正しい答え」はありません。やってみてうまくいった対応がすなわち「よい対応」ですから、まずやってみてうまくいったらそれを継続すること、うまくいかない対応は何度やってもうまくいくことはないので、ちょっとした工夫・修正を加えてまたやってみる、また修正する、その繰り返しが大切です。「失敗は次に成功するためのヒント」と考えましょう。

(2) 現状維持を心がけよう

行動面への対応の基本は「悪くなるような対応を避ける」ことです。行動を悪化させるかかわり方を避け、子どもや家族が自分から行動を変えていくことを期待するほうがよいでしょう。多くの場合、悪化させるような働きかけをしないというだけでも子どもは成長・発達によって行動が変化していきます。同じように家族も成長・発達していきます。もしこちらが何もしていないのに自然の経過で状態が悪化しているように見えるとしたら、おそらく他の誰か・何かが悪化させていると考え、その背景を整理していくことが必要になります。

(3) 臨機応変、試行錯誤そして「ネバーギブアップ」

繰り返しになりますが、私たちは子どもたちの人生のほんの一時期にかかわることしかできません。その一時期に根本的な解決を目指すことは無理が多いでしょう。子どもの「こころ」に訴えるのではなく、「行動」に働きかけ、問題行動を変化させ、適正な行動・うまくいったことを子どもに体験させることを目指しましょう。まず実践から始めましょう。対応はうまくいかないことの方がほとんどですが、それをしつけや担当者の能力や資質の問題とすることも避けましょう。子どもに対応するうえで私たちに求められているのは新しいアイデアを次から次へと繰り出せる創造力です。日々試行錯誤の連続ともいえるでしょう。あきらめず、投げ出さず、チームとして自分の役割を果たしていくという姿勢で臨むことが大切です。

(4) 友だち・隣人として、「知ること」「理解すること」「受け止めること」

発達ショーガイは珍しいものではありませんし、発達障害のある人もごく身近な存在です。私たちもお互い様、友だちあるいはお隣さんとして、発達障害について知ること、体験世界を理解すること、受け止める（受容する）ことが大切です。多様性ということばどおり、さまざまな人が地域社会を形成していますから、お互いがお互いを知り理解し受け止めることによって地域社会をよりよいものに変えていくことができると思います。

おわりに

発達や行動面の問題への対応は、古くて新しいテーマでもあります。これまで蓄積された知見を振り返り、地域社会の中での支援というマクロな考え方を取り入れていくこと、ここに「コミュニティエンパワメント」に通じるものがあると思います。発達障害があろうがなかろうが、子どもが輝ける場所は私たちが共に生きている地域社会の中でしかあり得ません。子どもを輝かせる地域社会をつくり上げていくうえで、私たち一人ひとりがその役割を担っているということです。

発達ショーガイ、それは私たち自身。実は、ヒミツなんてないのです。

参考文献・資料

（1）内閣府（2014）世論調査 https://survey.gov-online.go.jp/h26/h26-boshihoken/2-2.html

（2）American Psychiatric Association（2014）『DSM-5精神疾患の診断・統計マニュアル』（日本精神神経学会監修）医学書院、三一-八五頁。

（3）鷲見聡（2013）「疫学研究からみた自閉症」『そだちの科学』二一：二一-二七頁。

（4）神尾陽子、荻野和雄、石飛信ほか（2015）「発達障害の疫学」『精神科』二六（一）：三三-三七頁。

（5）塩川宏郷（2014）「少年鑑別所に入所した広汎性発達障害の傾向を有する少年の検討」『小児の精神と神経』五三（四）：三九五-三九九頁。

（6）塩川宏郷（2015）「少年の「性非行」の検討　発達障害と小児期の逆境的体験（Adverse Childhood Experiences）の視点から」『小児の精神と神経』五五（一）：一七-二四頁。

（7）神保恵理子、桃井真里子（2015）「発達障害における遺伝性要因（先天的素因）について」『脳と発達』四七：二一五-二一九頁。

（8）厚生労働省（2014）「楽しい子育てのためのペアレント・プログラムマニュアル」https://www.mhlw.go.jp/file/06-Seisakujouhou-12200000-Shakaiengokyokushougaihokenfukushibu/0000068264.pdf

第8章

ちょっと気になる子を豊かに育てる保育

小枝達也

1 ちょっと気になる子とは?

タイトルの「ちょっと気になる子」というのは、いわゆる幼児期から小学校へ上がる前ぐらいの間に、保育現場、幼稚園などで、明らかな遅れではないが、言葉や行動、社会性の発達がちょっと気になる子という意味です。

ちょっと気になるお子さんに対する指導で留意すべきなのは、日常生活の質だと思います。病院に行ったり、療育に行ったりすることで、劇的によくなるというものでもありません。日常生活の中にこそ、彼らを伸ばして育むヒントがあるので、日常をどう変えるかという知恵が出なければ意味はないと思っています。本章では、日常生活をよくしていくヒントを提供できればと思います。

そこで、①気づきをサポートする社会、②気づいて受け入れる家庭、③教示と工夫のある保育所・幼稚園という三つの視点から話をします。

2 気づきをサポートする社会

最初に、気づきをサポートする社会について述べます。

「発達障害のある子は増えているの？」ということが、ずっといわれています。本当に増えているのか、単に見えるようになっているだけなのかというのは、大きなテーマで、その答えを出したいということで環境省が行っているのが、エコチル調査です。いわゆる認知、行動、社会性に関してちょっと気になる子というのは、本当に増えているのか。それに対して、環境物質が何か影響しているのかということの答えを出したいということです。あと数年後には答えの一部が出てくるのではないかと期待しています。

文科省の調査で見ると、小・中学校における学校での調査なので、これは診断によるものではないのですが、ＡＤＨＤ（Attention Deficit Hyperactivity Disorder：注意欠如・多動性障害）と思われる子、自閉症と思われる子、学習障害と思われる子を学校で調査した結果、二〇〇二年と二〇一二年では、合計で、六・三％と六・五％で差がありませんでした。「増えている、増えている」といわれながら、教育現場では差がないというのが一つの答えです。これは、ある意味、私たちに非常に安心感を与えてくれました。

ＬＤ（Learning Disability：学習障害）と思われる子は、二〇〇二年も二〇一二年も四・五％で変わりません。ＡＤＨＤと思われる子は、一〇年前が二・五％で、二〇一二年が三・一％で若干増えているぐらいです。自閉症と思われる子は、〇・八％と一・一％で、そんなに極端に増えているわけではないという結果であり、学校でも幼稚園、保育所でも、こういった気になる子が、「増えている、増えている」といわれる割には、調査をすると否定的な結果が示されました。

ただ、これには留意すべき点があって、ＬＤとＡＤＨＤとの合併、あるいはＡＤＨＤと自閉症の合併は、一・五倍です。三つすべてが疑われる子になると二倍になっているので、どうやら総数は増えていなくても、いろんな状態を併存している子が増えているということかもしれません。

さて、健やか親子21が、第二次になって二年目に入っています。その中で、基盤課題が三つ、それに基づいて重点課題が二つ示されています。そのうちの一つに、育てにくさを感じる親に寄り添う支援というものがあります。これを出すにあたって、育てにくさという概念を一つ提案しました。

子育て支援というと、反射的に「子育て不安に寄り添う」ことを思い浮かべますが、子育て不安の研究が進展し、子育て不安の本態とは、心性としての育児困難感であるといわれるようになりました。育児への自信のなさと「親たり得ているのか」という不全感、焦燥感、怒りの抑制困難な感情、子どもへのネガティブな感情、日常生活の煩わしさなどが総体として育児困難感を形成するということがわかってきました（川井ほか 2000[1]；桑名・細川 2007[2]）。ですから育児不安への支援は残しつつも、育児困難感――わかりやすくいうと「育てにくさ」――に注目して子育て支援に取り組むべきではないかと考えたのです。そこで、健やか親子21の第二次を構築するにあたって、育児支援の中に子育て不安だけではなくて育てにくさに寄り添うという概念を入れた方がよいのではないかということになったわけです。

育てにくさと聞くとつい反射的に「子どもの発達障害」と浮かんでしまいますが、そのような単純なものではないだろうということで、概念を整理しました。その結果、育てにくさの要因というのは、子どもの要因、親の要因、親子の関係性の要因、生活している環境の要因の四つを想定する必要があるということです（図1）。

まず子どもの要因の代表的なものは、発達障害です。その子の特徴を親が理解しないと、育てにくいということになります。

次に育児に影響を与える親の要因としては、まず精神疾患があります。これは軽く見てはいけない問題だと思います。精神疾患では、統合失調症を一番重視すべきです。妊娠中の薬物の影響

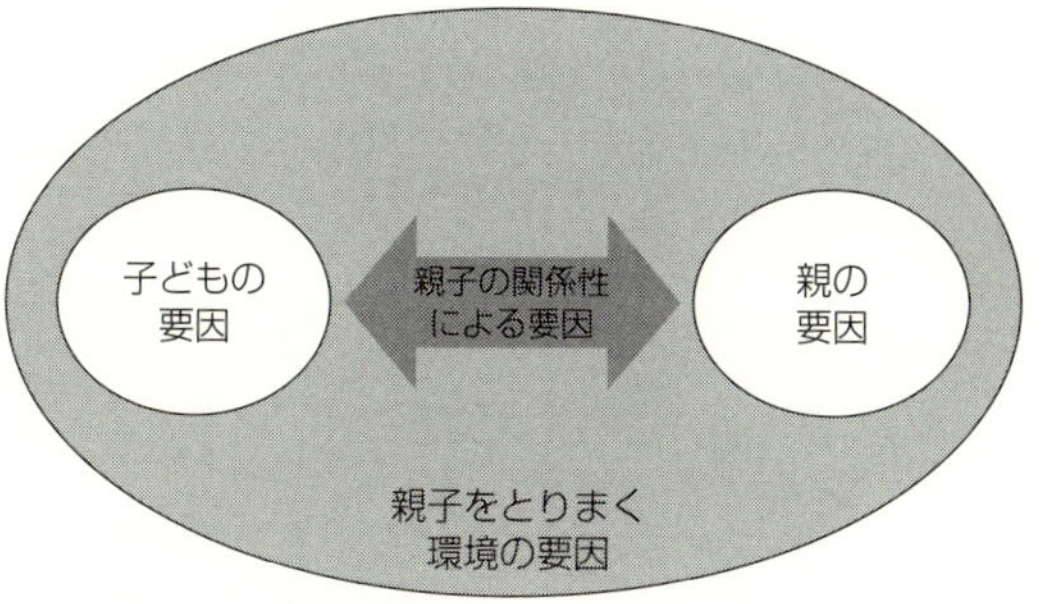

図1　育てにくさの要因

もありますが、遺伝的な負因もあります。それから、抑うつです。幼稚園、保育園に通っている幼児で、遅れがちだったり、来なかったりという場合、母のうつ症状が悪くて朝起きられないということがあります。また朝ご飯を欠食で来る子がいた場合には、お母さんが朝になっても起きてこなくて朝ごはんがないので食べられないということがあるのです。

とくに妊娠する前から、妊娠中にかけて妊婦さんの精神状態をちゃんとケアし、生まれたあとも、ケアをする体制が必要になっています。そこで産後ケアセンターが登場しました。私どもの病院にも設置されていますが、大変喜んでご利用いただいています。

親の発達障害も考慮して育てにくさに対処する必要があります。保護者の精神遅滞も大きな問題です。身体疾患もあります。お母さん方が乳がんや子宮がんだったという場合も少なくなくて、保護者の慢性的な身体疾患は、育てにくさの大きな要因となります。

保護者の不安、パニック障害、強迫障害、パーソナリティー障害などもあります。なかには親が学習障害で、字を読むことが大変だということもあります。

最近は、個人情報は出さないので、幼稚園、保育園はもとより、小学校でもお父さん、お母さんの病気とか、仕事を把握していません。子どもの調子が悪くなったら、園や学校の中だけではなくて、家庭の中でいま述べたことが起きていないかということを常に意識しておく必要があると思います。役に立つと思うのは、親とあるいは子どもとする世間話です。しょんぼりしている子を見たら、「○○くん、兄弟いたっけ? そろそろ自分の部屋が欲しいんじゃないの?」みたいな話から、だんだん家のことを聞いていくと、「あ、そうか。お母さん、今、入院中なんだ。だから、こんなにしょんぼりしているんだ」ということがわかったりすることがあります。世間話にこそ重要な情報があると思っています。

両親の子育てに関する考えの不一致も、親の要因としては重要です。お父さんもいい人で、お母さんもいい人で、子どももとてもいい子です。お父さんはお父さんで、こういう家族でありたいとか、こんな子育てをしたいという理想をもっていて子育てに熱心です。お母さんはお母さんで、ママ友たちからいろいろ聞くので、こんなことをしたいという思いがあったりします。そうすると、子どもは、父のいうことも母のいうことも聞いてしまいます。こんな場合に過剰適応が起きてしまいがちです。子どもが努力して、頑張って、頑張って、父のニーズも母のニーズも聞いて、円満な家庭にしています。そういった子が、疲れてしまって身体化をよく起こします。食べられなくなって摂食障害となります。おなかが痛いとか、足が痛くて足を引きずって外来に来るといったことが起きたりするのです。

こんな時には第三者を間に立てて、カップルカウンセリングをします。お父さんとお母さんに来てもらって、第三者の前で子育てについて語ってもらいます。夫婦二人で語ると気まずい雰囲気になりかねないし、調整役やレフェリーがいないと、ヒートアップするかもしれません。だから、「お二人で、家でよく話し合ってください」と言うとまずいので、私どもの心理士スタッフにカップルカウンセリングをさせます。

お父さんの考えとお母さんの考えを出させると、「あなた、そんなことを思っていたの?」とか、「おまえは、それでこういう所に行っていたのか。じゃ、ママ友の影響が大きいんだな」と、初めて夫が認識して、お互いの理解を深めていって、落としどころをどこにするかがわかってきます。両方のいうことを、このよい子は聞こうと思って過剰適応しているので、そこの理解を夫婦で深めてもらうというのは、非常に役に立ちます。

そのほか、経済的な問題や親の孤立は非常に大きな問題となり得ます。子どもを見るときには、家族全体を見ておかねばならないということになります。

三つ目として親子関係に関する要因があります。例えば診断はつかないけれど少しやんちゃな子、いろいろ散らかして片づけられないことがあるけれど、診断がつかないという子は、たくさんいます。一方、とてもきれい好きで、片づけないことが許せないといったお母さんもいます。もちろん診断がつくほどではありません。しかしそのお母さんと散らかす子という組み合わせは、双方には診断がつくわけではないけれど、お互いが非常にヒートアップすることになってしまいます。

四つ目は親子を取り巻く環境の要因です。それは地域で暮らしている要因です。地域というのは、例えば東京には東京という地域の特性がありますし、地方には地方の特性があります。例を挙げますと、一家庭の子どもの人数の違い、それに伴う親の期待の違い、私立の小中学校が多く、受験の有無の違いなどです。こういった相違点が積み重なって、子育てにくさに大きな違いが生じます。ですから、どこに居住しているかによって、育てにくさは大きく異なるのだということです。

もう一つ環境要因として大切なのは、兄弟の存在です。親の困り感を親子の遊びの教室で調査すると、他に兄弟がいる母親に比べて一人っ子の母親の方が困り感が高いという傾向が見られました。

また、遊びの教室に来ている子が男の子の場合、その子に兄がいると、お母さんの感じている困り感は低いのですが、姉がいる場合にははるかに高いという結果が得られました。これはよく

落ち着きがないのは………ADHD
一人遊びをするのは………ASD
乱暴な行動は…………………ADHD
こだわるのは…………………ASD
とは限らない

●パターン化して子どもを見ない
●行動の意味を見る
●園／学校／家庭の背景を知る

図2　ちょっと気になる幼児を見る際の留意点

理解できる話で、兄で一回経験済みだから、男の子の大変さについてあまり困らないのでしょう。一方、姉の場合は男の子の行動を経験していないので、「男の子は、何でこんなに大変なの！」ということになります。

今度は下に弟がいる場合です。この場合お母さんの困り感はすごく高いという結果でした。理由としては、弟は兄のまねをするので、大変さが倍になるのでしょう。一方、下に妹がいると低いという結果でした。妹は、困りそうなお母さんの助けになるように上手に振る舞うのかもしれません。

保育現場の方に知っておいてほしい点を図2にまとめます。ちょっと気になる子で、落ち着きがない子はＡＤＨＤではないか、一人遊びする子はＡＳＤ（自閉スペクトラム症）ではないか、乱暴な行動はＡＤＨＤで、こだわる子はＡＳＤではないかと思いがちですが、そうとは限りません。現場で非常にステレオタイプの見方が広まっていて、子どもをパターン化して見てしまいがちなのですが、そうとは限らないと知っておくことが大事です。また子どもの行動にはすべて意味があるので、子どもの行動の意味を見ることが大事だし、当然、その背景にある家庭、学校、園を見ていくことが非常に大事だと思うのです。

発達障害のお子さんは、子育てをする過程で、幼児期にも心身症ということがありますが、そんなに多くはありません。「おなかが痛い」というぐらいしかありませんが、やがて不適応を起こして、なかには登園しぶりも出てきます。なので、こういったものは、適正に発見し予防することが肝要です。ちゃんと発見してあげるということが大事で、気づくシステムをもつ社会が必要だと思います。

現行では三歳児健診で終わりなので、私は五歳児健診で気づいてあげるとよいということを考えています。鳥取県全体で五歳児健診をやるようになって、だんだんと全国に広まってきていると思います。東京都でも、千代田区、葛飾区、板橋区、目黒区をはじめとして市町村でも実施しているところがいくつかあります。

ここで発達の変曲点について触れます。とくに子どもの社会性の発達を見ていくうえで大事だと思います。

発達の変曲点の一つは、五歳半ぐらいのときで、布置の力が身につきます。布置というのは、心理学の用語で、配置という意味があります。英語でいうと、コンストレーション（constellation）で星座という意味です。星がある配列で並んでいると、これは北斗七星だとわかります。だけど、星たちは単に光っているだけです。そこにわれわれが配列による意味を見いだして、全体像が見えるようになります。これが布置という力です。幼稚園の年長の秋以降は、ほぼすべての子が五歳半に達しているので、みんなに布置の力が身につき、クラス全体がすごくまとまってきます。逆にいえば、衝動的に振る舞って、その場限りの落ち着きのない行動を取る子は、まだ布置が身についていないともいえるでしょう。布置が身につくようなかかわりをしていくと、非常に全体像が見えていくということになります。

二〇〇六年ころに科学技術振興機構の研究で「すくすくコホート」というものを実施していました。正式には「日本における子供の認知・行動発達に影響を与える要因の解明」といいます。この研究で四人の子どもが遊びを通して仲よくなる過程を五歳時点と六歳時点で観察しました。その結果、五歳では遊びを通して仲よくなってもその場限りであることが多かったのですが、六歳では遊びを通して仲よくなると、その後の活動でも調和的な活動ができたのです。つまり過去の出来事を覚えていて、次の活動に生かすという見通しのある行動をとることができていたのです（寺川ほか 2011）[3]。この布置の重要さについては、二〇二〇年に改訂となる幼稚園教育要領の解説本の一節に取り入れられました（文部科学省 2018）[4]（表1）。

もう一つの子どもたちの発達の変曲点は一〇歳で、親を参照しなくなる時だと思います。親子関係を見るときに、私は外来で必ず私の前に子どもの椅子を置いて、八〇センチぐらい斜め後ろ

表1　布置の概念を取り入れた、幼稚園教育要領解説本の一節

また、幼稚園における生活の流れが把握できていないと、幼児は、今目の前で起きていることにとらわれ、やりたいことができないと泣く、怒るなどの情緒的な反応を示すことがある。幼稚園生活の中で、活動の区切りに教師や友達と共に振り返りの経験を積むことや教師が適切な言葉掛けをすることなどにより、幼児は徐々に過去と今、今と未来の関係に気付くようになり、活動の見通しや、期待が持てるようになっていく。

出所：文部科学省（2018）[4] 11頁、序章第2節「1. 幼児期の特性」より

に親の椅子を置きます。子どもに「今日の給食はおいしかったかい？」と聞くと、なかには親の方を振り向いて「給食、おいしかった？」と聞く子がいます。当然、聞かれたお母さんは「お母さんに聞かれても、わかんないよ」と答えます。一〇歳前の子どもではそんなふうに、自分で答えなくてはいけない質問にも、親を参照することが多いのです。これは親を参照して、生きていくための自分の軸をつくっている最中のことなので、決して悪いことではありません。これが一〇歳を境にして親を参照していた子が参照しなくなります。

「今年のお正月は、どこかに行くの？」と一〇歳過ぎの子どもに聞くと、「いつもならおじいちゃんちに行くんだけど、今年はまだ相談していません」と親を返り見ずに答えるようになります。こんな時には、もうこの子は子ども側からルビコン川を渡って大人側に来たなと思います。もう引き返せない川です。参照しなくなるという行動は「親は親、自分は自分」という見方をしていることを示すのです。

当然、私は、その前後で親に対するアドバイスを変えます。「親を参照している子の場合には、成功するように丁寧にガイドして指導す

るといいです」と話します。ところが、参照しなくなった子では、「自己選択、自己決定を尊重して見守ることが大事ですよ」と伝えることにしています。

もう一つは、一四歳、中学二年の時に訪れると考えています。これは、私もまだ十分な確信はないのですが、中二になると、夜、一人で過ごす時間が増えます。中一までは、自分の部屋で宿題が終わると、家族みんながいる所に出てきて、テレビを見たり、親と話したり、兄弟とじゃれたりということをしますが、中二になると、いつの間にか部屋から出てきません。

「あれ、まだ宿題をやっているのかな」と思って、お母さんが心配になってのぞきに行くと、宿題は終わって、本を読んだり、ベッドに転がって宙を見ていたりします。ああいう時間に自分とは何なのか、自分と社会とは何なのか、大人になるって何なのか、あるいは宇宙のことなどを考えているかもしれません。そういう、とても哲学的な思索を始めるのだろうと思います。そうすると、あの子たちは、本当に大人への道を歩き始めるのではないかと思います。

この三つの変曲点が、どうやら子どもが大人になる過程で起きていると思います。私は、それぞれに合わせて、保護者に対して子育てのアドバイスを変えていくとよいと考えています。

3 気づき、受け入れる家庭

次は気づいて受け入れる家庭についてです。発達障害では残念ながら、非行とか事件のようなことが起きることもあります。それは、いきなりそこにいくのではなく、被虐待的な経験をして、追い詰められてその結果、非行となるということです。これは、保護者が虐待しようと思ってやるわけではありません。その子の特性がわからないので、なんとか宿題をさせようとか、とにかく一人遊びをする子を友だちの中に入れよう、そして遊べるようにしようとかすると、そうした親の熱心さが子どもにしてみると、虐待を受けているのと変わらないくらいしんどくなります。熱心であればあるほど、子どもは追い詰められます。

ですから、発達障害の子で、一番してはいけないことは、追い詰めることです。追い詰められた結果、思い余ってという行動になるのです。ですから、発達障害の子どもへの支援では、その子だけの問題ではなくて、とくに保護者に対する子育て支援、親の育児困難感、育てにくさに寄り添うことが大事になってくるのです。

さて、前述したすくすくコホートという前方視追跡調査を鳥取市で実施して、六歳、七歳、八歳という三年間ぐらいで確認できたことを示します。「叱るよりもほめることを多くする、明日の準備は自分でさせる、多少のいたずらは大目に見る、服は自分で選ばせる、ちゃんと後始末は自分でさせる、お手伝いをさせる、動作が遅くても、せかさない、やりたがることは、少々心配でもさせる」ということを、保護者が大事にした子育てをしていると、翌年に、「ほかの子どもをよく気遣う、ほかの子どもとおもちゃを分け合う、進んで助ける、年下の子にやさしい、自分から進んで他人を手伝う」という社会性の豊かな子に育つということがわかりました。

研究結果では、六歳のときの親の態度が、七歳のときの子どもの社会性に影響するし、七歳のときの親の態度が、八歳のときの子どもの社会性にも影響するということがわかってきました。もっとわかりやすくいうと親の過保護・過干渉は、子どもの社会性の向上を妨げる可能性があるということです。

よく聞かれるのは、「何が過保護になるのでしょうか?」という質問です。私の答えは決まっていて、「過保護とは、その子が一人でできるのに手伝ってしまうこと」です。一人でできるようになったのに、親の都合で手伝ってしまうのは、過保護以外の何ものでもないと考えています。あるいは、過干渉かもしれません。ですから、私はそこにラインを引いて、保護者にアドバイスをしています。保育現場から、「過保護、過干渉は、子どもの社会性を妨げる可能性があります」という情報を、ぜひ発信していただきたいと思います。

逆に何でも手伝って過保護にしてはダメだと考えて「一人でしなさい」と、よく言う親がいますが、一人でできないのに「一人でしなさい」と言うのは、よくありません。一人でできないことは、ちゃんと手伝ってできるようにしてあげることが大事だと思います。

さて、内田伸子先生ら（内田ほか 2011）[5]によると日本の親の養育タイプは、強制型、自己犠牲型、共有型の三つだそうです。強制型というのは、親が権威的で子どもに指示を多く出して「これしなさい、あれしなさい。こうするといいよ」と教示をしていくタイプで、これで育てられた子どもは、失敗が少なく、いろんなことができるようになっていくようです。決して悪くはないと思いますが、いつまでも続けていると思春期以降になって、指示待ちになってしまうのではと心配されます。

一〇歳になって大人への川を渡ってきた子には、指示ばかりせずに、自己選択、自己決定を尊重することが必要だと思います。当然、親だから、子どもが選んだ対策が、あまり感心しない選択であるとわかります。だけど、子どもが選んだのなら、「いいよ。あなたがやってごらんなさい」と親が承認してあげることが大事になってきます。

安梅勅江先生は、ご研究で、親からの褒《ほ》めが大事だということを明らかにされました（安梅 2004）[6]。幼児期は、まさにそうで、親からの褒めによって、愛着をもっている親に対して社会的報酬が育っていきます。そして、大人になるためのルビコン川を渡ったら、ほめるのではなくて、親からの承認、「あなたが選んだのなら、それでよい」という承認をしてあげます。子どもがその行動を取って、失敗をして、しょげて帰ってきます。そのときに、「ほら、お母さんが言ったとおりでしょ！」というダメ出しをするのではなく、しょげた子のそばにいてあげます。そうすると、子どもは、ぼそぼそと失敗を語るので、そこで、「また次、頑張ればいいよ」と励ますことが大事です。強制型だとダメ出しをしてしまいがちですので、思春期以降は、強制型はあまりおすすめではないと思います。

自己犠牲型は、お父さんやお母さんが、自己犠牲を強いて子どもためにに頑張るというものです。「あなたのために頑張っているのよ！」ということを子どもが圧迫感として感じてしまいますので、このタイプは一番おすすめではありません。

一番おすすめなのは、共有型です。楽しいことも、つらいことも、悲しいことも、家族みんなで共有するというタイプです。しばしば、ちょっと気になる子を育てる家庭は、自己犠牲型になりがちです。兄弟も犠牲になっているという思いがあるので、障害のある子の兄弟関係は非常に難しくなっていきます。

なので、私は外来では、「共有型がおすすめだよ」と保護者に伝えています。「この子に診断がつこうが何しようが、わが家はわが家。楽しいわが家っていうのをみんなでやるといいんだよ。妹は我慢する必要はないんだよ。お兄ちゃんは我慢する必要はないんだよ」ということを伝えて、家族みんなで共有しようよということを話すようにしています。

ここで、あるご家庭を紹介します。私が子どもたちの予後のことをいえるのは、一度幼児期に診断がついて私の患者さんになると、その子たちが大きくなるまでお付き合いをしてきたからです。一歳半健診で診た自閉症のお子さんが、二〇歳になって社会に出るまで、何人もずっと見てきました。発達障害があって、あんなに大変だった子が、こんなにしっかりと育つんだという事実を見てきました。

ある三歳児健診で多動を指摘されたAさんというお子さんです。少しもじっとしていなくて、興味のあるものには突進します。最初は、ADHDと診断しました。安全確保が困難であったため、多動に対する薬を処方しました。それで、多動は少し改善しました。ところが、やがて物に執着して、奇声をあげるし、他の子に暴力が出てきて、「これは、自分の価値観に合わない子をたたくんだ」ということがわかり、五歳でアスペルガー症候群という診断名を追加しました。集団行動がまったくできなかったので、小学校一年生のときから情緒障害学級に入れてもらいました。

ここにまた、地域の違いがあります。東京都二三区には、情緒障害の固定の学級がほとんどありません。ですから、知的な遅れのない子は、みんな通常学級にいます。知的な遅れはないけれど自閉症の子は、気が向くと、授業中にふらっと教室から廊下に出ていくことがあります。危ないことをしないように介護員が付いて回っています。この子たちには居場所がありません。固定の障害児学級は、知的障害の学級だけなので、知的な遅れのない自閉症の子は学校に居場所がないのです。

東京以外の地方では固定の情緒障害学級が普通に設置してあります。一年生から情緒障害学級に入ってもらいました。このときのＷＩＳＣ－ⅢでのＩＱは七四です。学級では個別的なやりとりの中で、ワーク的な学習をしてもらいました。そして、振り返りの重視です。本章で強調したいことの一つは、振り返りの大切さです。先ほど、布置の力について述べました。全体の配列が見られる力をつけるとよいといいました。そのときに、どうやって力をつけたらよいのかと思われたと思いますが、その答えは、振り返りの重視です。「今起きたのは、どういうことだったの？」ということを振り返らせて、本人に語らせます。そうすることで、自分の身の周りに起きた時系列的な前後関係が正しく把握できるようになります。鳥取県では情緒障害学級を担当しているのは、多くが私の教え子なので、すごく助かっています。教え子たちが子どもたちにこういった働きかけをしてくれます。

さて、Ａさんは、学習の遅れがなく、一日の流れがわかるようになって、仲のよい友だちもできて、五年生から通常学級に学籍を変更しました。情緒障害学級で学ぶという環境を整えるとこれが可能になります。東京でこの話をすると、「そんなこと、東京では無理です」といわれます。これが地域による育てにくさの温度差です。この子は、薬物療法も中止して、そのときのＩ

Qは九六でした。二二も伸びています。学ぶ環境を整えることで、IQが二〇～三〇ほど伸びる子はざらにいます。

Aさんは中学では、先輩にいじめられて、部活をやめました。そして、いらいらして兄弟げんかがひどくなって、もう一回薬物療法を再開して、いらいらは収まりました。本人と兄弟への告知をして、なぜかこの子は勉強に目覚めました。その後、この子は高校へ入学し、進学クラスに入って、専門学校に進学して、一般就労しています。

幼いころは本当に大変な子でした。診察室に入ってくると、目の前の洗面台に突進して、ぶつかりそうになることもありました。しかし、ちゃんと一般就労できるまでに成長したのです。

専門学校の実習では人より前に行って先生の手本を見ようとします。周囲の背の低い子に譲るということまで気が回りません。それでクラスメートともうまくいかないということがあったりしましたが、それでもちゃんと卒業して、一般就労しているのです。

そうなるまでに、この子だけでよくなったわけではありません。ましてや、医者がよくしたわけではありません。薬物療法をしたり、診断をして、親に方向づけをして、時々手伝いましたが、やっぱり家族が日々の暮らしをどう組み立てたかがポイントになりました。ここの家族は、家族みんなの理解と受け入れがよかったのです。父と母の仲がよくて、よく話し合える関係で、一緒に住んでいた祖父母の理解も良好でした。

それから、親が兄弟関係に配慮しました。兄弟にも告知して、親だけで抱え込まずに、適宜、専門家を活用しました。

本人たちが主体的に専門家を活用するのが本筋だと思います。主体はご家族の皆さんです。私はよく保護者に「あなたの子なので、あなたが主体的に動きなさい。この地域のリソースは、これとこれとこれがありますから、それを適当にあなたのご家族が選んで活用しなさい」とお伝えします。

そして、幼児期だけだとあまり意識されないかもしれませんが、本人への告知、教示、自己開示がポイントになります。ちょっと気になる子たちで診断名がつく子で大事なのは、本人への告知です。これ抜きには、あの子たちは大人になっていけません。もう一つ大事なのは、本人が自分のことを開示するノウハウで、これを教えてあげないと、大失敗をします。ですから、診断名がつく子においては、本人への告知と自己開示をいつするかを見ながら育てていくことが大事になります。

今度は、Bさんの話です。Bさんも三歳児健診で言葉の遅れがあって、視線が合いにくく、会話がずれるという状態でした。それから、色へのこだわりが強いという所見がありました。就学前に自閉症と診断しました。小学校に上がる直前は、ＩＱが六八で、軽度の知的な遅れがありました。

Bさんにも課題学習を採り入れて対応関係などを教えて、言語化を促しました。一年生から情緒障害学級で、先生と居場所を確保して安心感の中で教えていただく環境を整えました。そして、個別的なやりとりの中で、認知能力を高めるような学習をしていただきました。間違いなくこうした学習によって認知能力は高まると思います。ですから、発達障害の子たちに学習するチャンスを与えてあげてほしいと思います。その結果、Bさんには勉強の遅れがありません。六年生から通常学級に変更し、友だちもいて一緒に遊べるという状態です。IQは九五に伸びていました。

Bさんは、六年生のときにクラスでいじめが発生しました。ちょっと夢物語のようなことを言うので、クラスで浮いてしまって登校しぶりが出ました。しかし親がすぐに学校と交渉して解決しました。その後に保護者が本人に告知しました。

中学では、部活に打ち込んで、高校に進学して、好きな部活に燃えて、大学に入りました。私は、三歳児健診のあとから主治医でずっとかかわってきていますので、「あの子が大学に入るんだ」と感慨深いものがあります。

Bさんの家のまとめです。ここも家族の理解がよかったです。両親がよく話し合える関係です。ですから、お母さんだけが熱心とか、お父さんだけが熱心というのはよくなくて、お互いがよく話し合って、双方が譲り合い、尊重し合える関係が大事だと思いますし、「親の行動力」

が、キーワードになると思います。

親が学校とよい関係を保ち、自発的に動き、本人への告知をしました。最初はちょっと戸惑っていたようですが、受け入れて、納得したようなことを言っていたという話です。過去のことを振り返って、「そういうことだったんだ」と納得というか、腑に落ちたようでした。それから、もう一つは、本人が好きな活動を親が応援するということも大切なことです。

4 教示と工夫のある保育所・幼稚園

発達障害は本人の性格の問題ではなくて、脳の問題です。しかし、対処法があります。いうことを聞かない子には、穏やかな気持ちになって近づいて静かに話します。自閉症の子には、見てわかる工夫や、終わりの予告、次の行動の予告、そして安心感を与えることが効果的です。叱るよりも、取るべき行動のモデルを示してこまめにほめてやると、驚くほど子どもは変わります。モデル提示をして指導することが肝要です。

とくに布置の力を身につけるには、因果関係を教えるといいので、「『A』です。だから『B』です」という時間軸の流れを意識した因果関係を、幼児期の後半から小学校の低学年の間、三年間ぐらい丁寧に教えると、全体を俯瞰して見る力がついて行きます。「木を見て森を見ず」だった子どもが、森の中のどのあたりにいるかが見えるようになり、道に迷わなくなります。その結果、通常学級での交流学習が増えて、どんどん友だちをつくっていくようになったりします。

また、ＡＳＤの子どもの言語能力の特徴として、文脈の流れを把握することが苦手な場合があります。とくに皮肉文の理解が苦手だったり、疑問形で叱るといったフレーズになると、質問であると勘違いをしてしまい、真面目に答えたりするので、叱った人をいっそう激怒させるといった結果につながりかねません。

落ち着きのない子は幼児ではたくさん見かけますが、そういった場合に、落ち着きのない子だけ注意すると、悪いことをすると注目してもらえるという学びをするので、クラス全体が落ち着かなくなります。早く着席してよい姿勢を取って待っている子を見つけてほめるようにするなど、よい行動をとると注目してもらえるという仕掛けをするとクラス全体が落ち着いてきます。ですから実は、落ち着きのない子への対処よりも、周囲の子への対応の方が重要だったりします。

集中力をつけるにはどうしたらよいかとよく聞かれますが、「その子に合った課題」というものが大事なキーワードになると思います。頑張ってやっとできたという段階で、課題のレベルを引き上げると、もうついていくことができなくなります。ほぼ一〇〇％正答できるといったレベルの課題を準備し、時間を測るとよいでしょう。一回目は一〇分かかった課題が、翌日には八分

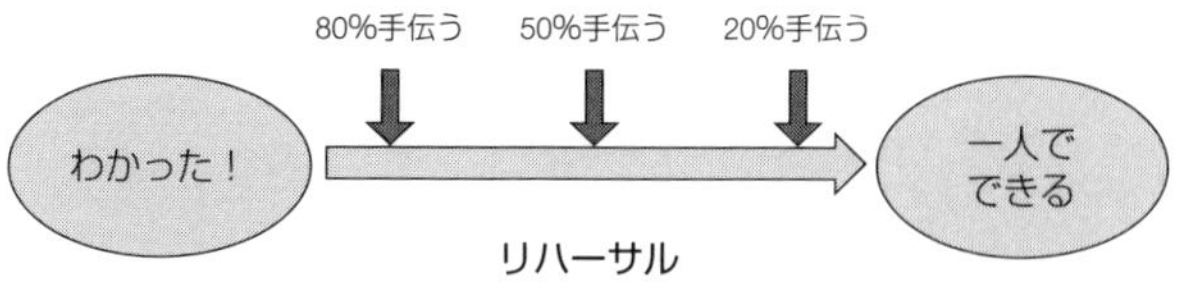

図3　発達障害のある幼児での指導の考え方

でできた。すると短縮した二分が実力の向上を意味します。そこで余った二分の使い道が重要です。「早くできたね、すごいね。残りの二分でこの課題もやってみようか？」というと、早くやると罰がくるという学習になりますから、ダラダラとやるようになります。残った二分をご褒美《ほうび》として遊ぶ時間にすると、早く頑張るとご褒美がもらえるという学習をしますので、早くできるように集中するようになります。

言葉の遅い子では、絵本の読み聞かせが有効です。とくに、絵本でストーリーとともに言葉を教えることが大事です。緘黙《かんもく》の子も結構いて、これは焦らずに場数を保障します。しゃべらずとも、その場にいるだけで本人は参加した気になって、結構楽しんでいます。「うんうん」と首を動かしたら、大成功です。一、二年かけて、そういう子を伸ばしていくとよいと思います。

わかったからできるまでが遠い子は、リハーサルを繰り返してください。はじめは、八〇％手伝って二〇％させる、次は五〇％手伝って五〇％させる、次は二〇％手伝って八〇％させる、最後は一人でできるというように進めていくとよいと思います（図3）。

表2　子どもとかかわる際の基本的な心がけ

これだけは忘れないで！
●よき人間関係が指導の前提
●子どものプライドを尊重する
●満足する日々が子どもを育てる

最後に、子どもたちを指導するには、よい人間関係が前提ですし、どんな子であっても子どものプライドを傷つける叱り方はしてはいけないということをお伝えしておきたいと思います（表2）。

文献

（1）川井尚、庄司順一、千賀悠子ほか（2000）「育児不安に関する臨床的研究Ⅵ―子ども総研式・育児支援質問紙（試案）の臨床的有用性に関する研究」『日本子ども家庭総合研究所紀要』三六：一一七-一三八頁。

（2）桑名佳代子、細川徹（2007）「一歳六か月児を持つ親のストレス（1）―母親の育児ストレスと関連要因」『東邦大学大学院教育学研究科研究年報』五六：二四七-二六三頁。

（3）寺川志奈子、田丸敏高、石田開ほか（2011）「五、六歳児のピア関係の成熟度が分配行動に及ぼす効果―「保育的観察」によるグループにおける社会的相互交渉プロセスの検討」『発達心理学研究』二二：二七四-二八五頁。

（4）文部科学省（2018）『幼稚園教育要領解説 平成30年3月』フレーベル館。

（5）内田伸子、李基淑、周念麗ほか（2011）『幼児期から学力格差は始まるか―しつけスタイルは経済格差要因を凌駕しうるか。児童期追跡調査　日本（東京）・韓国（ソウル）・中国（上海）比較データブック』（お茶の水女子大・ベネッセ共同研究報告書№Ⅱ）。

（6）安梅勅江（2004）『子育ち環境と子育て支援―よい長時間保育のみわけかた』勁草書房。

終章

子どもたちの豊かな未来に向けて

安梅勅江

1 エンパワメント科学と生の豊かさ

「子どもたちの豊かな未来」とはいったい何でしょうか。その一つの形が**A World of Possibilities（可能性に満ちた世界）**ではないでしょうか。世界は可能性に満ちていると子どもたちが感じられる環境づくり。それが子どもの豊かな未来につながります。

「子どもたちがもっと元気に生き生きと生活するためにはどんなことが必要でしょうか」と、子育てサポーター七〇〇人に聞きました。大きく三つにまとめられました（安梅ほか 2014）[1]。

一つ目は、**夢、希望**です。子どもたちの場合、夢、希望は、例えば、物語のお姫様になりたい、スポーツ選手になりたい、園の先生になりたい、運転手さんになりたい、何でもよいのです。とにかく、なりたいもの、やりたいことが何かあるという、夢や希望がもてることです。

二つ目は、**自己効力感**です。自分は何かできると思えることです。

三つ目は、それを**意味づけるつながり**です。つながりは大人でなくても友だちでもよいのです。

今回は子どもについて聞いていますが、実は大人でも同じです。例えば、落ち込んでいる人を目にした場合、「どうして落ち込んでいるのだろう。夢や希望がないのか、自己効力感がないのか、それを意味づけられないのか」と整理すると、きっとどこかに該当します。どこにサポートが必要なのかを見きわめ、寄り添うことで、解決の糸口を見いだすことができます。

さて、子どものしなやかさ、自己効力感を促すためには、具体的にどのようなかかわりをしたらよいでしょうか。

信頼感、自己効力感、自信、安定感、参画、自己実現、未来への見通し、つながり、意味づけなどを幼児期にしっかりと培うことで、ものごとに柔軟に対応し、前向きに生きていく能力、しなやかさが育まれるという研究成果があります（Mischel 2014）[2]。

みんなでいろんな話し合いをし、みんなで解決していきます。ゆっくりの子どもたち、肌の色の違う子どもたち、言葉が話せない子どもたち、いろんな子どもたちがいます。みんな違ってみんなすばらしい、という考え方です。

ここでは三つのことを大切にしています（Anme 2018）[3]。一つ目は、**自分を誇りに思う**こと。一人ひとりの子どもに、しっかりと自分のよさを感じさせます。二つ目は、**違いを楽しむ**こと。いろんな人がいるから、すばらしいのです。三つ目は、**集団の力を信じる**こと。まさに自分エンパワメント、仲間エンパワメント、組織エンパワメントを組み合わせ、相乗エンパワーモデルを効果的に発揮しています。自分も友だちも家族もサポーターも、みんなが寄り添ってパワーアップしています。

2　子どもたちの豊かな未来を支える仕組みづくり

子どもの豊かな未来を支える仕組みづくりが求められています。そのためには、情報通信技術 Information and Communication Technology（ＩＣＴ）や人工知能 Artificial Intelligence（ＡＩ）活用に、大きな可能性を感じています。私たちは、発達や育児環境、気になる行動などへのサポートの目安となる、さまざまなツール（道具）を開発してきました。それをクラウドに乗せて、日々の支援ツールとして子育てや障がい関係のサポーターの皆さんが使用しています。保護者は

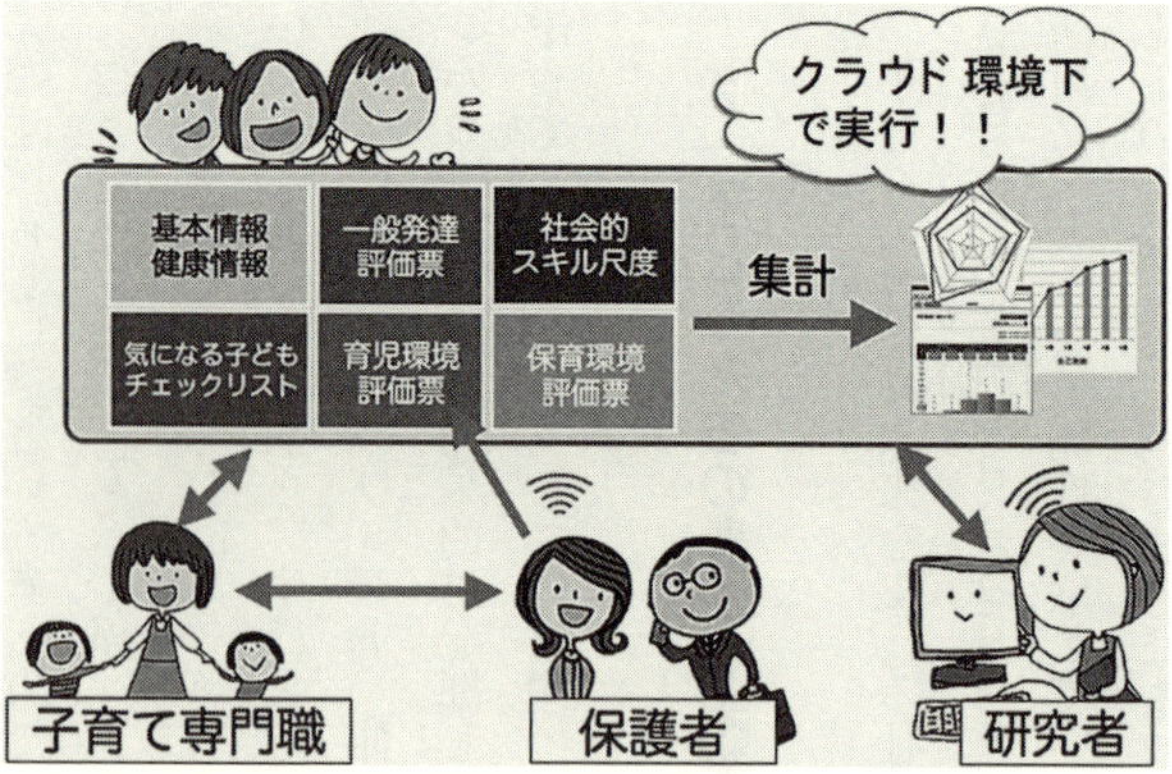

図1　WEBを活用した支援システム

家庭での子どもの様子を参照します。研究者は匿名化された子どもの情報を利用し、何か気になるところがあればすぐにサポーターにフィードバックする仕組みをつくり上げています（図1）。

日本語にとどまらず、中国語、英語、フランス語、ポルトガル語、タガログ語版なども作成しました。各地の子育て支援機関で使われています。eラーニングやソーシャル・ネットワーク・サービスを利用し、子どもの育ちを支える人びとの教育などに利用しています。

これまで、個別の機関の中でサポーターの知恵は蓄積されるものの、他の機関との共有はあまりされてきませんでした。しかしサポーターがつながることで、さらに質の高い、社会的に効果の大きいサポートができるようになります。保護者や地域社会とのパートナーシップを築き、ホームページをつくって発信してい

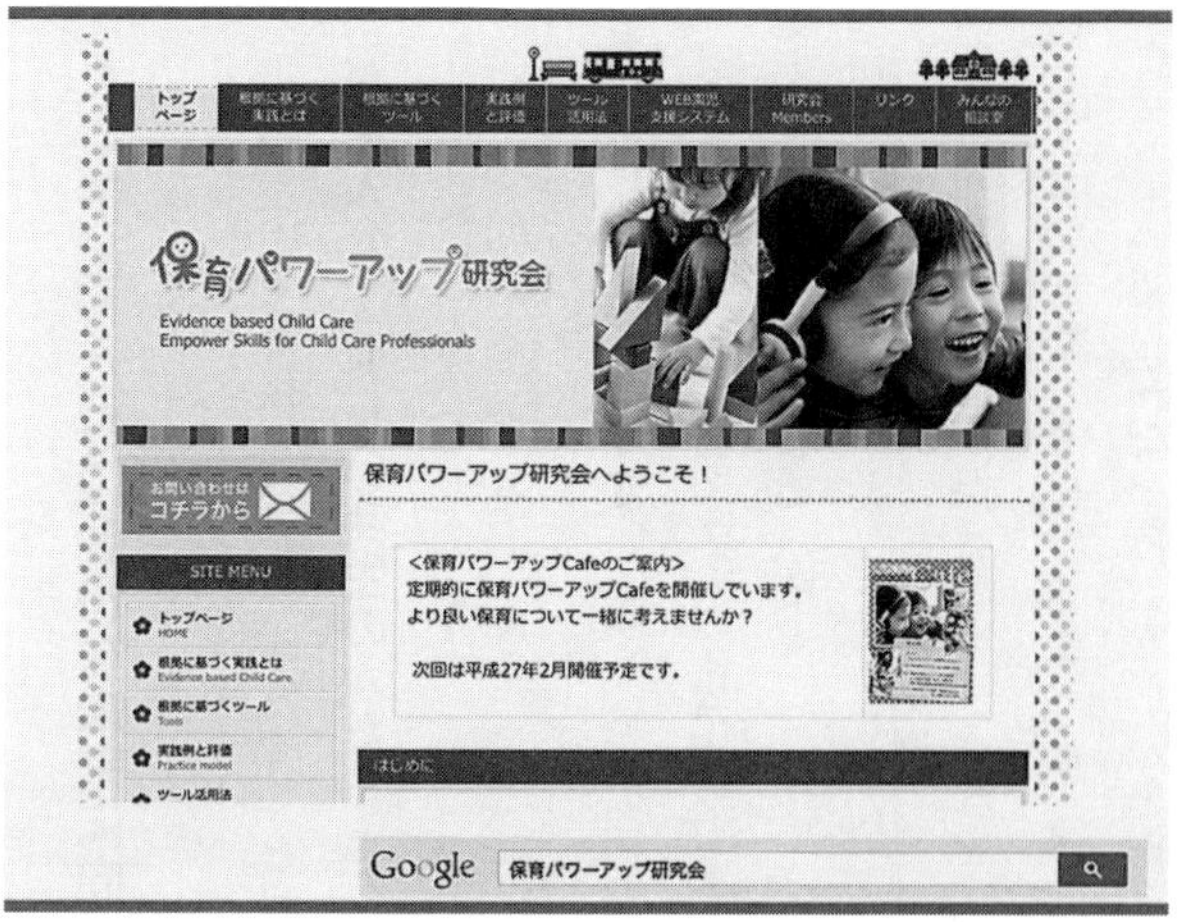

図２　サポーター、保護者向けホームページ

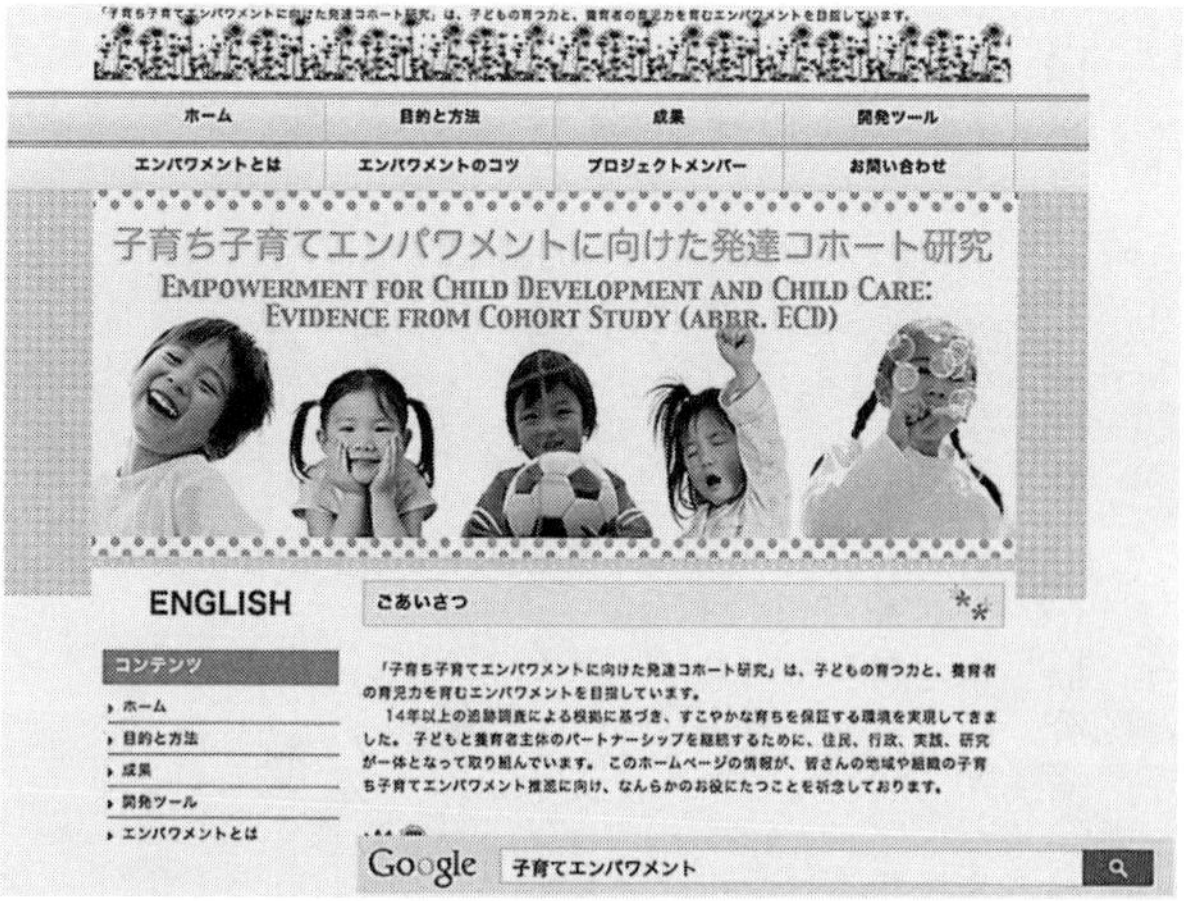

図３　研究者、サポーター向けホームページ

ます（図2、図3）。

3 子どもたちの豊かな未来に向けて

実践の中で蓄積された「実践知」と科学により根拠づけられた「科学知」の統合により、「**誰もが主人公**」「**新しい共生のかたち**」をつくっていきたいと考えています。フランクル（Viktor Emil Frankl）もいっているように（フランクル 1985[4]）、人間は、自分ひとりでは自分の意義を決して感じられません。ですから、ひとりでは幸せにはなれません。共に支え合う学びを子どもの頃からしっかり育てていくことが大切です。

A world of possibilities、自己効力感、しなやかさ、つながり、意味づけを用いて、エンパワメント社会を目指しています。

私たちはまず、「何はともあれ一緒に楽しもうよ」といいます。子どもたちにハッピーになってもらうためには、保護者も、それを支えるサポーターも、みんなでハッピーに楽しまないと、決してよいかかわりはできません。子どもたち、保護者たち、実践者たち、研究者たちが当事者として集い楽しみながら、みらいを拓くエンパワメントの実現を願っています。

参考文献

（1）安梅勅江・芳香会社会福祉研究所編著（2014）『いのちの輝きに寄り添うエンパワメント科学―だれもが主人公 新しい共生のかたち』北大路書房。
（2）Mischel W（2014）*The Marshmallow Test: Mastering Self-Control*, Transworld Publishers.
（3）Anme T（2018）*Empowerment Sciences for Professionals: Enhance Inclusion and a World of Possibilities*, Nihonshonijisyuppan.
（4）V・E・フランクル（1985）『夜と霧』（霜山徳爾訳）みすず書房。

初出一覧

第2章　創造性を育むために大切なこと—脳科学の視点から

みらいエンパワメントカフェ第6回（2016年12月6日）小泉英明「創造性を育むために大切なこと：脳科学の視点から」

第3章　子どもを「ほめ」て育てるということ—脳科学からのアプローチ

みらいエンパワメントカフェ第3回（2016年9月16日）定藤規弘「子どもの育ちに活かすほめ：脳科学からのアプローチ」

第4章　ふたごが語る生命のふしぎ—人間・遺伝・進化

みらいエンパワメントカフェ第5回（2016年11月1日）安藤寿康「ふたごが語る生命のふしぎ：人間・遺伝・進化」

第5章　発達研究における出生コホート研究の意義

みらいエンパワメントカフェ第2回（2016年8月22日）山縣然太朗「発達コホート研究を子どもたちのみらいに活かす」

第6章　幼児教育の現状と今後

みらいエンパワメントカフェ第4回（2016年10月4日）無藤 隆「幼児教育の現状と今後」

第7章　発達ショーガイの子どもが輝くために

みらいエンパワメントカフェ第1回（2016年7月19日）塩川宏郷「発達障害の子どもが輝くヒミツを最新科学でひもとく」

第8章　ちょっと気になる子を豊かに育てる保育

みらいエンパワメントカフェ第7回（2017年1月12日）小枝達也「ちょっと気になる子を豊かに育てる保育」

上記以外はすべて書き下ろし

著者紹介［五十音順］

安藤寿康（あんどう じゅこう）
慶應義塾大学 文学部 人文社会学科 教授
安梅勅江（あんめ ときえ）
編著者紹介参照
小泉英明（こいずみ ひであき）
株式会社 日立製作所 名誉フェロー、公益社団法人 日本工学アカデミー
上級副会長
小枝達也（こえだ たつや）
国立研究開発法人 国立成育医療研究センター 副院長・
こころの診療部 統括部長
定藤規弘（さだとう のりひろ）
大学共同利用機関法人 自然科学研究機構 生理学研究所
システム脳科学研究領域 心理生理学研究部門 教授
塩川宏郷（しおかわ ひろさと）
実践女子大学 生活科学部　生活文化学科 教授
無藤 隆（むとう たかし）
白梅学園大学 大学院 特任教授
山縣然太朗（やまがた ぜんたろう）
山梨大学大学院 総合研究部 医学域 社会医学講座 教授

「生存科学叢書」刊行にあたって

公益財団法人 生存科学研究所は故武見太郎の理念である「生存の理法」をモットーとして、人類の生存の形態ならびに機能に関する総合的実践的研究によって人類の健康と福祉に寄与すべく設立されました。そこでは、生命科学、医学・医療、看護学など医科学、哲学、倫理学、宗教学、史学、文学、芸術など人文学、法学、社会学、経済学など社会科学、生態学、環境科学など自然科学、それら諸科学の学際的な討論によって人間科学を新たに構築し、総合的な生存モデルの確立を図ることを目的としています。

生存科学研究所はその先端的かつ基本的研究活動と成果を広く他学問領域と共有し、また一般社会にもその理念と活動を啓発すべく、学術機関誌「生存科学」を刊行してきました。多年にわたる研究成果と啓発活動により、日本学術会議協力学術研究団体に指定され、「生存科学」誌は時代と社会の課題を発掘、先導する学術誌として高い評価を得ています。本「生存科学叢書」は「生存科学」誌を中心に展開されてきた研究所の知的かつ実践的成果を広く社会に問いかけようとするものです。

人間、人類にとって望ましい生存様態をいかに構想し、実現していくか、人類の生存の場と質が根本から問い直されている現代にあって、生存科学は基礎人間科学として、時代の状況を切り拓く先端総合学として、ますますその理念の発揚が求められています。「生存科学」誌で研鑽され、蓄積された先鋭的問題意識と成果をベースに、本叢書は、さらに公益に資するべく視野を広げたテーマ、論考を地道にかつ実践的に問いかけていきます。今後引きつづき展開される総合人間学シリーズにご理解をいただくとともに、ご支援をお願いいたします。

2018 年 4 月

公益財団法人 生存科学研究所
〒 104-0061　東京都中央区銀座 4-5-1 聖書館ビル
http://seizon.umin.jp/index.html

編著者紹介

安梅勅江（あんめ ときえ）

筑波大学 医学医療系 国際発達ケア：エンパワメント科学研究室 教授。専門はエンパワメント科学、生涯発達ケア科学。国際保健福祉学会（Systems Sciences for Health Social Services, SYSTED）会長、日本保健福祉学会会長、公益財団法人 生存科学研究所 理事。科学技術振興機構 社会技術開発センター 運営評価委員。

主な著書に『根拠に基づく子育ち・子育てエンパワメント』、『Empowerment Sciences for Professionals: Enhance Inclusion and A World of Possibilities』（以上、日本小児医事出版社）、『子育ち環境と子育て支援』（勁草書房）、『エンパワメントのケア科学』、『コミュニティ・エンパワメントの技法』（以上、医歯薬出版）、編著に『いのちの輝きに寄り添うエンパワメント科学』（北大路書房）、『保育パワーアップ講座』、『気になる子どもの早期発見と早期支援』（以上、日本小児医事出版社）など多数。

生存科学叢書

子《こ》どもの未来《みらい》をひらく **エンパワメント科学《かがく》**

2019年5月25日　第1版第1刷発行

編著者――――安梅勅江

発行所――――株式会社日本評論社

〒170-8474　東京都豊島区南大塚3-12-4

電話 03-3987-8621（販売）-8601（編集）

https://www.nippyo.co.jp/

振替 00100-3-16

印刷所――――平文社

製本所――――難波製本

装　幀――――銀山宏子

ISBN978-4-535-98474-5　　Printed in Japan